42세 김 부장의 사색일기 365일

42세 김 부장의 사색일기 365일

초판 1쇄 발행 ᅵ 2017년 10월 25일

지은이 ᅵ 김근평
펴낸이 ᅵ 공상숙
펴낸곳 ᅵ 마음세상

주소 ᅵ 경기도 파주시 한빛로 70 507-204

신고번호 ᅵ 제406-2011-000024호
신고일자 ᅵ 2011년 3월 7일

ISBN ᅵ 979-11-5636-151-0 (03190)

원고 투고 ᅵ maumsesang@nate.com

ⓒ김근평, 2017

* 값 13,000원

* 마음세상은 삶의 감동을 이끌어내는 진솔한 책을 발간하고 있습니다. 참신한 원고와 번뜩이는 아이디어가 있으시다면 망설이지 마시고 연락주세요.

국립중앙도서관 출판예정도서목록(CIP)

42세 김 부장의 사색일기 365일 / 지은이: 김근평. – 파주
: 마음세상, 2017
  p. ; cm

ISBN 979-11-5636-151-0 03190 : ₩13000

자기 계발[自己啓發]

325,211-KDC6
650,1-DDC23   CIP2017024756

42세 김 부장의 사색일기 365일

김근평 지음

마음세상

머리말 · 10

● **1월** January

1월 1일 감사 · 11
1월 2일 자아실현 · 12
1월 3일 묘비명 · 13
1월 4일 오늘의 소중함 · 14
1월 5일 자신감 · 15
1월 6일 감사 · 16
1월 7일 부하직원에게 바라는 것 · 17
1월 8일 꿈 이루는 방법 · 18
1월 9일 그녀, 안네 · 19
1월 10일 상사에게 바라는 것 · 20
1월 11일 참여 · 21
1월 12일 아이와의 관계 · 22
1월 13일 반성 · 23
1월 14일 예절 · 23
1월 15일 꿈 · 24
1월 16일 가화만사성 · 24
1월 17일 천직 · 25
1월 18일 틈새 독서 · 26
1월 19일 강점 · 27
1월 20일 독서방법 · 27
1월 21일 도전 · 28
1월 22일 계속하는 것 · 29
1월 23일 음주 나이 · 30
1월 24일 듣기 원칙 · 31
1월 25일 자기 PR · 32
1월 26일 착한 척 금지 · 32
1월 27일 느낌 독서법 · 33
1월 28일 불평 금지 · 33
1월 29일 차별성 · 34
1월 30일 참교육 · 35
1월 31일 종교 · 36

● **2월** February

2월 1일 믿음 · 37
2월 2일 성인 나이 서열 · 37
2월 3일 직업 선택의 기준 · 38
2월 4일 경제적 자유 · 38
2월 5일 독선 · 39
2월 6일 희망 · 40
2월 7일 득도 · 40
2월 8일 행복한 사람 · 41
2월 9일 아버지의 역할 · 42
2월 10일 버티기 · 43
2월 11일 귀중한 가치 · 43
2월 12일 독서의 묘미 · 44
2월 13일 상상력의 힘 · 44
2월 14일 인간의 세계 · 45
2월 15일 맹자의 대장부 · 45
2월 16일 노후대비 · 46
2월 17일 시간 · 47
2월 18일 사서(四書) · 48
2월 19일 계획 짜기 요령 · 49
2월 20일 성실 · 50
2월 21일 단순함과 느림 · 51
2월 22일 소원성취비법 · 52
2월 23일 일한다는 것 · 53
2월 24일 조강지처 · 54
2월 25일 몰입 · 55
2월 26일 품위 유지 · 55
2월 27일 타협 · 56
2월 28일 스마트폰 · 57

● **3월** March

3월 1일 간절함 · 58
3월 2일 이순신의 배짱 · 59
3월 3일 인간의 불완전성 · 59
3월 4일 읽기 능력 · 60
3월 5일 니즈 발견 · 60
3월 6일 견디기 · 61
3월 7일 요청 · 61
3월 8일 장기 노력 · 62
3월 9일 인터넷 글쓰기 · 62
3월 10일 작은 차이 · 63
3월 11일 잠자는 거인 · 64
3월 12일 차세대 리더 양성 · 65
3월 13일 집보다 책 · 65
3월 14일 헬렌 켈러 · 66
3월 15일 부자 · 66
3월 16일 꿈꾸기 · 67
3월 17일 잘못된 목표 · 67
3월 18일 가족의 소중함 · 68
3월 19일 생각하는 법 · 68
3월 20일 보고하는 법 · 68
3월 21일 베풂 · 69
3월 22일 맹목 · 70
3월 23일 유산 · 71
3월 24일 성공의 믿음 · 71
3월 25일 독서결심 · 72
3월 26일 함정 · 72
3월 27일 취침 직전 · 72
3월 28일 짧고 굵게 · 73
3월 29일 책 읽는 사람 · 73
3월 30일 성공의 길 · 74
3월 31일 혼내는 방법 · 74

● **4월** April

4월 1일 가치 · 75
4월 2일 수단 · 75
4월 3일 말 · 76
4월 4일 감사 · 77
4월 5일 아이 · 77
4월 6일 무의식 활용 · 78
4월 7일 돈 관리 · 79
4월 8일 인사 · 79
4월 9일 차이 · 80
4월 10일 어른들 말씀 · 81
4월 11일 섬 · 81
4월 12일 존재 혼란 · 82
4월 13일 각오 · 82
4월 14일 효과 · 83
4월 15일 직장 내 권력 · 83
4월 16일 노동자 · 84
4월 17일 자각 · 85
4월 18일 글쓰기 · 85
4월 19일 적정 집값 · 86
4월 20일 제대로 읽기 · 86
4월 21일 책쓰기 · 87
4월 22일 책값 · 87
4월 23일 마음의 힘 · 88
4월 24일 인과응보 · 88
4월 25일 우리나라 인구 · 89
4월 26일 예절 · 89
4월 27일 @의 명칭 · 90
4월 28일 소득에 맞는 집 · 90
4월 29일 돈과 꿈 · 91
4월 30일 말 · 91

● **5월** May

5월 1일 감사노트 · 92
5월 2일 원수 · 92
5월 3일 잠 · 93
5월 4일 개인 브랜드 · 94
5월 5일 소파 · 94
5월 6일 책 · 95
5월 7일 텔레비전 · 95
5월 8일 배웅 · 95
5월 9일 성공방정식 · 96
5월 10일 아버지 · 96
5월 11일 노력 · 97
5월 12일 역전 · 97
5월 13일 부자와 빈자 · 98
5월 14일 세상 · 98
5월 15일 충성심 · 98
5월 16일 직언 · 99
5월 17일 상사 · 99
5월 18일 발표 · 99
5월 19일 영감 · 100
5월 20일 전기 · 100
5월 21일 남의 사과 · 100
5월 22일 무기 · 101
5월 23일 극복 · 101
5월 24일 이번 생 · 101
5월 25일 민주적 리더십 · 102
5월 26일 낮잠 · 102
5월 27일 리더의 자질 · 103
5월 28일 인생 · 104
5월 29일 독서 · 104
5월 30일 인간관계 · 105
5월 31일 고마워, 사랑해 · 105

● **6월** June

6월 1일 도중에 생긴 꿈 · 106
6월 2일 운동 · 107
6월 3일 명상 · 108
6월 4일 대화법 · 108
6월 5일 책내기 · 109
6월 6일 진정한 나 · 109
6월 7일 자식 사랑 · 110
6월 8일 이순신 · 111
6월 9일 눌변 · 112
6월 10일 질문 · 112
6월 11일 지도자 · 112
6월 12일 이야기 · 113
6월 13일 정체성 · 113
6월 14일 성공 · 113
6월 15일 마조히스트 · 114
6월 16일 왕년 · 114
6월 17일 인구유지 · 115
6월 18일 끝까지 · 115
6월 19일 천부적 재능 · 116
6월 20일 선택 · 116
6월 21일 독서 · 117
6월 22일 차별화 · 117
6월 23일 사업 · 118
6월 24일 입소문 · 118
6월 25일 고마움 · 119
6월 26일 코스피 · 119
6월 27일 적 · 120
6월 28일 따뜻한 관심 · 121
6월 29일 구매 · 121
6월 30일 능력 · 122

• **7월** July

7월 1일 성공키워드 · 122
7월 2일 유한 · 123
7월 3일 발현 · 124
7월 4일 가치 · 124
7월 5일 공부 · 124
7월 6일 시간 확보 · 125
7월 7일 독립 · 125
7월 8일 독서량 · 126
7월 9일 나를 위한 삶 · 127
7월 10일 고민 해결 · 127
7월 11일 오늘 · 128
7월 12일 생각 · 128
7월 13일 좋은 회사 · 129
7월 14일 성실 · 129
7월 15일 독맹(讀盲) · 129
7월 16일 원만 · 130
7월 17일 삼고초려 · 130
7월 18일 메모 · 130
7월 19일 고통 · 131
7월 20일 질문 · 131
7월 21일 위로 · 131
7월 22일 생일 · 132
7월 23일 다시 · 132
7월 24일 기적 · 132
7월 25일 포기의 힘 · 133
7월 26일 성姓 · 133
7월 27일 막연한 기대 · 133
7월 28일 무서운 것 · 134
7월 29일 고민 · 134
7월 30일 잠재능력 · 134
7월 31일 건강 · 135

• **8월** August

8월 1일 고전 · 135
8월 2일 주식투자 · 136
8월 3일 득도 · 136
8월 4일 2시간 · 137
8월 5일 평계 · 137
8월 6일 디테일 · 138
8월 7일 꿈 · 138
8월 8일 회사 · 139
8월 9일 인디언 · 139
8월 10일 영어 · 139
8월 11일 아이러니 · 140
8월 12일 72룰 · 141
8월 13일 정년 보장 · 141
8월 14일 영감 · 142
8월 15일 해소 · 142
8월 16일 말 · 142
8월 17일 기회 · 143
8월 18일 힘든 일 · 143
8월 19일 노화 · 143
8월 20일 가족 · 144
8월 21일 후계자 · 144
8월 22일 고민해결 · 145
8월 23일 진급 · 145
8월 24일 성공 · 146
8월 25일 참모 · 147
8월 26일 외동 · 148
8월 27일 과대망상 · 148
8월 28일 부러움 · 149
8월 29일 망한 날 · 149
8월 30일 법정 · 150
8월 31일 간단한 삶 · 151

• **9월** September

9월 1일 무리 · 151
9월 2일 소설 · 152
9월 3일 일본영웅 · 153
9월 4일 독파 · 154
9월 5일 모방 · 154
9월 6일 고맙습니다 · 154
9월 7일 떨림 · 155
9월 8일 소원 · 155
9월 9일 아내 · 155
9월 10일 1분 · 156
9월 11일 나답게 · 156
9월 12일 상상 · 156
9월 13일 기쁨 · 157
9월 14일 불완 · 157
9월 15일 행복 · 157
9월 16일 매력 · 157
9월 17일 역전 · 158
9월 18일 사이버 세상 · 158
9월 19일 오늘도 조금씩 · 158
9월 20일 마크 트웨인 · 159
9월 21일 양자 · 159
9월 22일 제사 · 160
9월 23일 보고서 · 160
9월 24일 집중 · 160
9월 25일 7년의 법칙 · 161
9월 26일 오류 · 161
9월 27일 기다림 · 162
9월 28일 시(詩) · 163
9월 29일 떠남 · 164
9월 30일 다니면서 · 165

• **10월** October

10월 1일 고인 물 · 165
10월 2일 놀이 · 165
10월 3일 멘토 · 166
10월 4일 공부 · 166
10월 5일 연속안타 · 166
10월 6일 이별 · 167
10월 7일 창작기법 · 167
10월 8일 아이 · 167
10월 9일 인기 · 168
10월 10일 안정 · 168
10월 11일 자유 · 168
10월 12일 돈 · 169
10월 13일 2막 · 169
10월 14일 감사 · 170
10월 15일 꾸준 · 170
10월 16일 감사 · 171
10월 17일 준비 · 171
10월 18일 기다림 · 172
10월 19일 천천히 걷기 · 172
10월 20일 국산품 · 173
10월 21일 아내 · 173
10월 22일 겁 · 174
10월 23일 시련 · 174
10월 24일 가족 · 174
10월 25일 성실 · 175
10월 26일 위인 · 175
10월 27일 꿈 · 175
10월 28일 갈등 · 176
10월 29일 비굴 · 176
10월 30일 시간 · 177
10월 31일 때 · 177

• **11월** November

11월 1일 실용서 · 178
11월 2일 시선의식 · 179
11월 3일 칭찬 · 179
11월 4일 회피 · 179
11월 5일 감사함 · 180
11월 6일 상사 · 180
11월 7일 인생 · 181
11월 8일 독립 · 182
11월 9일 양심 · 182
11월 10일 글 · 183
11월 11일 전도 · 183
11월 12일 뇌 · 183
11월 13일 감정 · 184
11월 14일 가치 · 184
11월 15일 주장 · 184
11월 16일 조직 · 184
11월 17일 소인배 · 185
11월 18일 리더 · 185
11월 19일 관용 · 186
11월 20일 기하급수 · 186
11월 21일 잠재의식 · 187
11월 22일 기억 · 187
11월 23일 강력 · 187
11월 24일 사랑 · 188
11월 25일 자신감 · 188
11월 26일 감사 · 188
11월 27일 말 · 189
11월 28일 용기 · 189
11월 29일 방치 · 189
11월 30일 기부 · 189

• **12월** December

12월 1일 소문 · 190
12월 2일 식언 · 190
12월 3일 거짓말 · 190
12월 4일 고통 · 190
12월 5일 자신 · 191
12월 6일 술 · 191
12월 7일 시간 · 191
12월 8일 나이 · 192
12월 9일 충직 · 193
12월 10일 처세 · 193
12월 11일 듣기 · 193
12월 12일 취미 · 194
12월 13일 1% · 194
12월 14일 머슴 · 195
12월 15일 퇴보 · 195
12월 16일 모방 · 195
12월 17일 재기 · 196
12월 18일 존중 · 196
12월 19일 화 · 196
12월 20일 고통 · 196
12월 21일 쓰기 · 197
12월 22일 운 · 197
12월 23일 목표 · 197
12월 24일 기준 · 198
12월 25일 안식 · 198
12월 26일 초보 · 199
12월 27일 외양 · 199
12월 28일 반골 · 199
12월 29일 나눔 · 200
12월 30일 협박 · 200
12월 31일 새로움 · 200

머리말

이 책은 그냥 한 번에 후루룩 읽고 마는 책이 아닙니다.

될 수 있으면 매일 하나씩 읽기를 권합니다.

이 책이

힘들고 지칠 때

당신에게 힘이 되었으면 좋겠습니다.

1월 1일 감사

○ '긍정'을 끌어낼 수 있는 힘은 바로 '감사하기'에 있다.

　모든 일에 대해 감사하면 긍정은 자동으로 따라오게 된다.

○ 칭찬, 긍정, 낙천, 기쁨, 행복 등

　세상의 모든 긍정적인 단어를 아우르는 단어는 '감사'다.

　종교의 믿음과도 견줄 힘이 있는 실천양식이다.

○ 삶이 허무한가, 권태로운가, 지루한가, 힘이 드는가,

　괴로운가, 뭔가 빠져 있는 것 같은가?

　이런 생각이 들면,

　감사하는 삶을 살고 있지 않다는 뜻이다.

○ 작은 일에 대해 감사하기를 실천해 보라.

　그때부터 기적은 시작된다.

　모든 것에 감사하는 마음을 가질 테니

　바로 그 순간부터 행복의 시작이 아니고 무엇이겠는가?

1월 2일 자아실현

○ 자신의 가치를 실현하는 가장 손쉬운 길은

자신이 좋아하는 분야에 매진하는 것이다.

재미있고 또한 뿌듯한 일을 찾아서 하게 되면

자연스레 자신의 가치를 실현하고 그게 바로 인류에 공헌하는 것이다.

○ 자기계발이라는 것은 자신이 좋아하는 일을 하는 것이다.

자아실현이라는 것도 자신이 좋아하는 일을 하는 것이다.

행복이라는 것도 자신이 좋아하는 일을 하는 것이다.

성공이라는 것도 자신이 좋아하는 일을 하는 것이다.

자신이 좋아하는 것을 한다는 것은 가히 모든 것을 아우르는 힘이 있다.

○ 자기가 좋아하는 일을 찾는 게 제일 힘들다.

이것 같아서 하다보면 아닌 것 같고,

저것 같아서 하다보면 이도 아닌 것 같은 많은 시행착오를 겪어야 한다.

이런 시행착오를 줄이기 위해서 '책'을 읽어야 한다.

그래서 책을 읽는 것이다.

1월 3일 묘비명

○ 죽음을 눈앞에 두고 있다고 생각해 보자.

　나는 과연 어떻게 평가될 것이며,

　나는 정말 하고 싶은 일을 하며 후회 없는 인생을 살았는가.

○ 잠시 눈을 감고 고민해보자.

　사랑하는 가족들에게는 잘했는가.

　아버지로서, 아들로서, 남편으로서 후회 없는가.

　내가 진정으로 하고 싶은 일을 하면서 살았는가.

　남의 눈치만 보면서 하고 싶은 일을 하지 못하고 산 것은 아닌가.

　이렇게 인생이 한 번뿐이었는데,

　이대로 죽다니 정말 후회스럽진 않은가. 고민해보자.

○ 미리 자신의 묘비명을 지어보는 것이다.

　그러면 자신이 어떻게 살아야겠다는 묘안이 떠오르게 된다.

　그냥 시간이 흐르는 대로 살지 말고, 주체적으로 살아보자.

　아직 늦지 않았으니, 사는 대로 생각하지 말고,

　생각한 대로 인생을 살아보자.

1월 4일 오늘의 소중함

○ 오늘만 생각하십시오.

내일은 없는 겁니다.

오늘은 지나가면 다시 오지 않습니다.

내일의 희망을 담보로 오늘을 절대로 소홀히 하지 마십시오.

○ 희망찬 미래만 바라보며 살지 마십시오.

그러다 자칫 오늘을 소홀히 할 수 있습니다.

미래의 꿈을 향해 가는 것도 중요하지만

오늘도 아껴주세요.

1월 5일 자신감

○ 남을 너무 의식하지 말자.

　사실 남들은 나에게 별로 관심이 없다.

　다들 자기 일이 바쁘기 때문에 남을 돌아볼 여유가 없다.

　내가 구멍 난 양말을 신고 나가도 그걸 알아보는 사람이 거의 없다.

　그냥 나만의 자격지심으로 나를 불편하게 만들 뿐이다.

○ 내성적인 사람은 사람들을 만날 때 무리하게 친절을 베푸는 경우가 많다.

　그렇게 되면 오래 만나지 못하게 되고 쉬이 지쳐버린다.

　그래서 점점 더 혼자 있는 시간을 즐기게 되고

　사람 만나는 것을 꺼리게 된다.

　과도한 친절에 발목 잡히지 말자.

　그냥 있는 그대로.

1월 6일 감사

○ 인생을 바로 천국으로 만드는 방법이 있다.

  감사하기다.

1월 7일 부하직원에게 바라는 것

o 나는 부하직원들에게 다음 세 가지를 말한다.

첫째, 공부하라. 자신의 업무에 대해 공부하고 또 공부하라.

누가 알려주기 전에 알려고 노력하라.

직장은 학원이 아니다.

알고 싶으면 스스로 찾아서 공부하고 모르면 질문하라.

둘째, 꼼꼼하라. 실수를 줄이기 위해 노력하라는 말이다.

꼼꼼하게 자신에게 부여된 일을 해나갈 때

상사에게 신임을 받을 수 있게 된다.

처음 실수는 누구나 할 수 있다.

하지만, 그 실수가 반복된다면 신임도는 떨어지게 된다.

셋째, 상관의 스타일을 파악하라.

일만 열심히 한다고 다 되는 건 아니다.

상관의 업무 스타일을 파악해서 거기에 잘 맞추어야 한다.

보고서 양식에서 그림을 좋아하는 상사가 있는가 하면

말로 보고를 하는 것을 좋아하는 것을 좋아하는 상사도 있다.

이런 식으로 상사가 좋아하는 업무 스타일이 무엇인지

파악하고 행해야 한다.

1월 8일 꿈 이루는 방법

○ 꿈을 이루는 방법 중 제일 중요한 것은 '반복'이다.

반복적으로 자신의 꿈에 대해서 그리는 연습을 해야 한다.

그래서 이것이 내 꿈인지 실지인지 헷갈릴 정도가 되면 꿈은 이루어진다.

그만큼 쉬지 않고 잠재의식 속에 자신의 꿈을 주입해야만 한다.

○ 꿈을 계속 주입하다 보면

잠재의식은 '아, 이것이 내 주인님이 바라는 것이구나!' 라고 자각하고

밤낮없이 자신의 주인 꿈을 실현하기 위해 노력한다.

○ 아무런 행동도 하지 않고

자신의 꿈을 계속 그리는 일만 해도 꿈은 이루어진다.

왜냐면, 어느 순간이 되면 잠재의식이 나에게 말을 걸어온다.

'주인님 이제 이런 행동을 할 때입니다.

어서 일어나세요. 그리고 그걸 해보세요.' 라고 속삭여준다.

혹은 그림으로 보여주거나, 꿈속에 나타나 이야기해준다.

1월 9일 그녀, 안네

o 안네는 1929년 6월 12일에 태어나
  1945년 3월에 하노버 근처에 있는 베르겐벨젠 강제수용소에서
  언니 마르고트와 함께 장티푸스에 걸려 사망한다.

  1942년 아버지 오토 프랑크의 식료품 공장 창고와 뒷방 사무실에서
  다른 유대인 4명과 은신하게 된다.
  1944년 8월 4일 발각되어 독일 아우슈비츠로 보내지게 된다.
  일기도 8월 1일부로 끝나게 된다.

  2년간의 은신 생활.
  한국 나이로 치면 고등학생 1학년까지의 삶이다.
  그곳에서 피터의 가족과 한 아저씨와 같이 지내게 된다.
  처음에 달갑지 않았던 피터를
  나중에 좋아하게 되는 사춘기 소녀의 마음을 읽을 수 있고,
  언니 마르고트와의 달갑지 않은 관계, 엄마와의 친하지 않은 관계,
  그래도 아빠는 좋아하는 관계를 잘 알 수 있었다.
  〈안네의 일기〉는 전쟁 후 안네의 아버지에 의해 출간된다.

1월 10일 상사에게 바라는 것

ㅇ 그냥 믿고 맡겨 주십시오.

결과는 제가 책임지겠습니다.

신입사원 다루듯 하지 말아주십시오.

제 밑으로도 많은 직원이 있습니다.

1월 11일 참여

○ 세상에 속해서 살면서

세상이 어찌 돌아가는지 관심을 두지 않는 것은 죄가 될 수 있다.

세상엔 나 혼자만 살아가는 것이 아니기 때문이다.

모두 살면서 조금씩 영향을 미치고 사는데,

어찌 나 혼자만 산다고 할 수 있겠는가?

나 혼자 힘으로 할 수 있는 일이 얼마나 되겠는가?

모내기를 할 줄 아나?

옷감을 짤 줄 아나?

컴퓨터를 만들 줄 아나?

벽돌을 만들 줄 아나?

이렇게 한 가지씩 따져가다 보면

나는 할 줄 아는 게 거의 없다는 결론이 나온다.

이렇게 무능력한 내가

이 세상을 그래도 살아가고 있는 것에 감사해야 할 것이다.

그러니 세상 일에 관심을 가지고 세상이 선한 쪽으로 흐를 수 있도록

한 손 거들어야 하지 않겠는가?

1월 12일 아이와의 관계

○ 아이 키우기가 힘든 이유는 욕심 때문이다.

나는 책을 좀 읽고 싶은데, 아이는 계속 놀아달라고 칭얼거린다.

그럼 갈등이 싹트게 된다.

그리고 나중에 크게 폭발하게 된다.

내 욕심이 강했기 때문이다.

○ 아이를 좀 더 배려하고 존중해주어야 한다.

내 욕심을 잠시 뒤로 미루어야 한다.

아이는 아이일 뿐이다.

어른이 아니다.

제법 어른처럼 말하지만, 결코 어른은 아니다.

보호자의 보호가 필요한 아이일 뿐이다.

1월 13일 반성

○ 노력해야 한다.

내 삶이 막막하다고 투정만 부릴 수는 없다.

스스로 삶을 바꾸려고 얼마나 노력했느냐 자문해야 한다.

세상을 탓하기 전에 자신에게 먼저 책임을 물어야 한다.

1월 14일 예절

○ 상사에게 "수고하십시오"라는 말은 적합하지 않다.

"저 먼저 가겠습니다." "안녕히 계십시오"와 같은

공손한 인사말을 하는 것이 무난하다.

1월 15일 꿈

○ 현재 회사에서 하는 업무가 맘에 들지 않는다고?

적성에 맞지 않는다고?

그럼 어쩔 수 없다.

회사 일을 열심히 하면서 내가 좋아하는 일을 찾아보자.

그리고 회사에 다니면서 차분하게, 치밀하게 준비하자.

나중에 써먹을 수 있는 기술을 갖추자.

어느 정도 텃밭을 일구었다면, 그때 당당하게 회사를 박차고 나서자.

나의 꿈, 희망을 향해서 나가자.

바로 그곳에 자유가 있고 풍요가 있을 것이다.

1월 16일 가화만사성

○ 집안이 화목하면 뭐든지 다 잘 된다.

부부 금실이 좋으면 그 집안은 자연히 성장하게 되어있다.

부부 사이가 좋은 모습을 보면서 아이는 자라게 된다.

그러면 정서적으로도 사랑으로 풍만해진다.

이렇게 자란 아이는 결국 사랑을 하는 법을 알게 되며,

건실하게 자랄 수 있다.

아무리 아버지가 똑똑하고 육아에 대해서 박사라 하더라도

자기의 부인과의 사이가 소원하다면 절대로 아이는 잘 자라지 못할 것이다.

1월 17일 천직

○ 천직이란 하늘이 당신에게 부여한 일,

　당신만을 위해 준비되고,

　당신밖에 할 수 없는 일을 말한다.

　천직에 종사하면 기술이나 일에 대한 숙련도가 빨라진다.

　노력이나 인내도 고통스럽게 느껴지지 않게 되고,

　일에 대한 탐구심과 성공에의 의지도 생긴다.

　어떻게 천직을 찾을까?

　당신을 재미있게 해주는 일이 천직일 가능성이 높다.

1월 18일 틈새 독서

○ 현대인들은 책 읽을 시간이 없다고 핑계를 댄다.

　그래, 맞다.

　진짜 시간이 안 나긴 하다.

○ 그러나

　사실 짬짬이 읽는 책이 더 감칠맛이 있다.

　온종일 책보라고 시간을 주면 지치게 되고

　책에 대한 매력이 뚝 떨어지게 된다.

　바쁜 와중에서 틈새 시간을 이용해서 책을 읽을 때

　오히려 책에 대한 갈증이 더욱 높아져 집중력 있게 독서를 할 수 있다.

○ 공부를 잘하는 학생이 바이올린도 잘 켜고,

　운동도 잘하는 이유는 다른 데 없다.

　남들은 버린 틈새 시간을 잘 이용했기 때문이다.

1월 19일 강점

○ 약점과 강점이 있다.
  약점을 메꾸려 하지 말고
  강점에 집중하라.

○ 약점을 메꿔봐야 보통이 되지만,
  강점에 집중하면 특기가 된다.

1월 20일 독서방법

○ 재미없는 책은 접어두고 재미있는 책만 골라 읽어라.
  나중에,
  결국,
  재미없는 책을 찾게 될 것이니.

1월 21일 도전

○ 뭔가 직감적으로 꽂혔으면 저지르십시오.

  '아직은 안 돼, 지금은 때가 아니야'라고 기다리지 마십시오.

  일단 저질러 보면 답이 나옵니다.

○ 실력을 더 기른다고 멈춰 있는 사이에

  실력을 기르면 알아서 찾아와주겠지, 라는 마음에

  아무것도 아닌 게 되어

  결국,

  포기하게 됩니다.

1월 22일 계속하는 것

○ 매일 혹은 며칠에 한 번꼴로, 아니면 주에 한 번이라도

　계속하고 있는 것이 있나요?

　생각해 보세요.

○ 계속하는 것이 바로 자신이 됩니다.

　나를 정의하고 싶다면 계속하는 일이 뭔지 알아보면 됩니다.

　매일 회사에 나가시나요? 그러면 회사원입니다.

　매일 글을 쓰시나요? 작가가 되겠네요.

　매일 회사 나가고 글도 쓰시나요?

　그럼 작가 겸 회사원이 되겠습니다.

1월 23일 음주 나이

○ 나이 30이 넘었다면 술 마시고 비틀거리면 안 된다.

그럴 나이가 아니다.

술은 20대 때나 코가 삐뚤어지게 마시는 거지

30대가 어디 그렇게 마셔서야 되겠는가?

30대는 양 조절이 필수다.

○ 음주운전만이 위험한 것이 아니다.

음주 30대도 위험하다.

40대, 50대는 말할 것도 없다.

1월 24일 듣기 원칙

○ ① 할 말이 있으면 속으로 하나, 둘, 셋을 세고 말한다.

② 최대한 느리게 말한다. 듣는 사람이 싫증 내지 않을 속도로 말한다.

③ 말은 부드럽게 한다. 톡톡 쏘지 않는다.

④ 말하는 상대방의 눈을 응시한다.

　거부감이 생기지 않도록 뚫어지게는 쳐다보지 않는다.

⑤ 중간중간 호응을 해준다.

⑥ 절대로 해결책을 제시해주지 않는다.

　그냥 들어만 주고, 감정에 동요해준다.

⑦ 상대방이 내 의견을 구하기 전엔 절대로 내 의견을 말하지 않는다.

이 중에서 가장 중요한 것을 꼽자면, 2번이다.

1월 25일 자기 PR

o 자신을 알리기 쉬운 가장 값싼 방법은 책 쓰기다.

 유명한 사람만이 책을 쓰는 것이 아니다.

o 무명인이 책을 써서 유명인이 되는 것이다.

o 책 쓰기가 거창해 보여 두렵다면

 일단 독후감 쓰기부터 시작해보라.

 책 쓰기보다는 못해도 자신을 알리기에 적당하다.

 써서 블로그에 올려라.

1월 26일 착한 척 금지

o 착한 척하지 마세요.

 원래 착하지 않잖아요.

 자꾸 자신을 속이려 하니까 힘만 들잖아요.

 모두에게 사랑받으려고 하는 사람은

 다른 사람에게 이용당하기 딱 좋습니다.

1월 27일 느낌 독서법

o 책이 읽기 싫은데 읽어야 한다는 중압감을 가질 때

　처음부터 끝까지 다 보기는 힘들 때

　그래도 몇 자라도 건지고 싶은 마음이 들 때

　페이지를 한 장씩 넘기다가 딱하고 느낌이 오는 곳만 읽어도 좋습니다.

1월 28일 불평 금지

o 불평불만 하지 말자.

· 불평한다고 누가 알아주지도 않는다.

　죽는 소리 해봤자, 나만 비참해지는 꼴이다.

　해결되지도 않는다.

　상황이 바뀌지도 않는다.

　기분이 풀리지도 않는다.

　패배자의 길이다.

1월 29일 차별성

o 선두기업의 차별성은 바로 '선점'에 있다.

후발주자들은 사실 따라지들이다.

선두기업이 잘된 것을 보고 너도나도 시작한 것이다.

여기서 주의해야 할 점은 특별한 '차별성'이 없는 한

절대 시작하지 말아야 한다는 것이다.

선두기업은 이미 시장을 80% 선점한 상태다.

이런 상황에서 나머지 20%를 먹겠다고

나머지 후발업체들이 개미처럼 모이는 것이다.

결과가 어떻겠는가?

후발업체가 살아남을 길은 딱 두 가지다.

선두기업과 확실히 다른 차별성을 갖든지,

아니면 선두기업이 모르던 틈새시장을 공략하든 지다.

만약 그 둘 중의 하나도 포함되지 않는다면, 절대로 개업을 해서는 안 된다.

'차별성'을 갖는다는 것은 성공의 확실한 보증수표다.

보증수표 없이 무턱대고 사업을 하지 말자.

1월 30일 참교육

○ 아이에게 학교 공부가 전부인 양 강요하지 말라.

　정말 공부가 전부인 줄 알고 큰다.

　그러면 아비, 어미도 모르고 세상 무서운 줄 모르고 시건방 떨게 된다.

　이게 다 누구 책임일까?

　공부만 강요했던 부모 책임이다.

○ 공부도 물론 중요하지만, 공부만 시키지 마라.

　심부름도 시키고, 집안일도 거들도록 하라.

　결국, 이렇게 자란 아이가 효자가 되고

　국가와 사회에 봉사하는 사람이 된다.

1월 31일 종교

o 자신이 믿는 종교를 다른 사람에게 강요하지 말라.

자신이 믿는 바가 전부가 아니다.

진리에 이르는 길은 여러 갈래다.

자신의 종교를 강요하여 다툼이 일어나는 바로 그 점이

종교의 아이러니다.

종교의 본질은 사랑이다.

그런데 종교 때문에 다툰다는 것은 본질을 잃고 껍질만 보는 꼴이다.

종교는 목적이 아니다.

수단이다.

2월 1일 믿음

○ 마치 이루어진 것처럼 상상하면 그대로 이루어진다고 한다.

   맞는 말이다.

   그러나 그런 게 어디 있냐고 따져 묻는 사람들도 있다.

   그들도 맞다.

   결국, 자신의 믿음대로 사는 거다.

2월 2일 성인 나이 서열

○ 석가 : BC563?~BC483? .

   공자 : BC552~479. 73세

   소크라테스 : BC469~399. 70세

   예수 : BC4?~30

   석가모니가 제일 먼저 태어났고 공자, 소크라테스, 예수 순이다.

   석가와 공자는 삶의 시간이 겹친다.

   공자가 죽고 10년 후에 소크라테스가 태어났다.

   예수는 한참 뒤에 태어났다.

2월 3일 직업 선택의 기준

o 좋아하는 일을 직업으로 삼으면 그때부터 그것이 싫어질까봐
  좋아하는 일은 그냥 취미로 남겨놓는다는 사람이 있었다.

o 그래도
  좋아하는 일을 직업으로 삼는 게 낫다.
  싫어하는 일을 할 바엔.

2월 4일 경제적 자유

o 경제적 자유를 누릴 방법이 있다.
  두 가지다.
  첫째, 많이 번다.
  둘째, 적게 벌어서 번 돈보다 적게 쓴다.

2월 5일 독선

ㅇ 사람은 누구나 자신이 보고 싶은 것만 보고 듣고 싶은 것만 듣는다.

ㅇ 어떤 것을 볼 때 사진도 같이 찍어보자.

그리고 나서 사진을 살펴보자.

내가 본 것 말고도 무수히 많은 것들이 존재한다는 것을 알게 될 것이다.

즉, 나는 내가 보고 싶은 것만 본다는 것을 인정하자.

ㅇ 어떤 이야기를 혹은 소리를 들을 때 녹음도 같이해 보자.

그리고 나서 녹음했던 것을 다시 들어보자.

내가 들은 것 말고도 무수히 많은 소리가 존재한다는 것을 알게 될 것이다.

즉, 나는 내가 듣고 싶은 소리만 듣는다는 것을 인정할 것이다.

2월 6일 희망

○ 힘든 인생
꿈이라도 포기하지 말아야지.
그거라도 잡고 살아야지.
그거마저도 없으면 너무 힘들어지잖아.

○ 2월 7일 득도

자기 마음을
잘 알고,
다스릴 줄 알면,
그게 바로 득도다.

2월 8일 행복한 사람

○ 인생에서 가장 행복한 사람은 누구일까?

그건 단언하건대 자신이 원하는 일을 하는 사람이다.

어떻게 하면 인생을 행복하게 살 수 있을까?

돈이 많으면 행복할까?

아니야, 돈 쓰는 재미도 곧 시들해질 거야.

변호사가 되면 행복해질까?

의사가 되면?

판검사는 어때?

그래 이왕 목표 잡는 거 크게 잡자.

행복할까?

진정 내가 원하는 것일까?

답이 나왔다.

진정 내가 원하는 일을 해야 행복할 수 있다.

2월 9일 아버지의 역할

○ 아버지가 바로 서면 모든 것은 자동으로 따라오게 되어 있다.

굳이 소리치고 야단칠 필요가 없다.

내가 가족에 바라는 대로 그대로 행동하면 된다.

책 읽는 가정을 만들고 싶으면 나부터 책을 읽으면 된다.

공부 잘 하는 아들을 만들고 싶으면 나부터 공부하면 된다.

소리 지를 필요가 없다.

○ 아버지의 편지는 묵직하다.

힘이 있다.

말로 하기 힘든 부분을 손편지로 공유해보자.

말보다 더욱 묵직한 힘이 있다.

2월 10일 버티기

○ 누구에게나 때가 있다.

  각자의 페이스가 있다.

  남들과 비교해서 느릴지언정 계속 가다 보면 뭔가 보일 것이다.

  도중에 포기만 하지 않는다면야

  못 이룰 것이 무엇이겠는가?

2월 11일 귀중한 가치

○ 방황을 할 수도 있다.

  난잡을 떨 수도 있다.

  경박해질 수도 있다.

  천박해질 수도 있다.

  비겁할 수도 있고,

  야비할 수도 있고,

  치욕을 보일 수도 있다.

  그러나 자신이 정해둔 귀중한 가치만은 잃지 말자.

  결국, 그게 자신을 지켜주게 될 것이다.

2월 12일 독서의 묘미

○ 독서 중 마음에 쏙 드는 구절이 나오면

마치 땅에서 산삼을 발견한 듯한 느낌이다.

요 맛을 맛본 사람은 죽어도 산을 못 끊게 된다.

독서 중 마음에 쏙 드는 구절이 나오면

마치 낚시에서 월척을 낚은 기분이다.

이 맛을 아는 사람은 추운 겨울날에도 낚시하러 간다.

2월 13일 상상력의 힘

○ 보이지 않는 것을 믿는 힘은 강력하다.

보이지 않는 것을 상상할 수 있다는 점도 마찬가지다.

믿고 상상하는 능력 때문에

인류는 많은 것을 이룩했다.

2월 14일 인간의 세계

○ 인류가 국가를 이룬 이유는

　다 같이 잘 먹고 잘살기 위해서다.

　약자를 돌보기 위함이다.

　짐승의 세계에 약하면 죽는다.

　인간의 세계와 다른 점이다.

　그런데 가끔 인간이 짐승같이 행동하기도 한다.

　경계해야 할 일이다.

2월 15일 맹자의 대장부

○ 맹자는 이렇게 말했다.

　대장부란 어떠한 위력이나 유혹에도 굴하지 않고

　의연히 자신이 지닌 올바른 원칙을 실천하는 사람이다.

　유혹에 굴하지 않는다.

　자신의 올바른 원칙을 지켜나간다.

2월 16일 노후대비

○ 노후대비에는 다음과 같다.

① 국민연금

② 개인연금

③ 퇴직연금

④ 역모기지론

⑤ 평생소득

따져보자.

① 점점 늦게 나올 거 같다. 고갈된다고 한다.

② 집 대출 갚기에도 허덕인다.

③ 퇴직연금 받을 정도로 오래 다닐 수 있을지 모르겠다.

④ 평생 일해서 남은 게 집 한 채뿐

⑤ 결국, 계속 일하라는 소리다.

2월 17일 시간

o 뭔가를 이뤄내는 사람들이 있다.

　이들이 시간이 많아서 업적을 세우는 것이 아니다.

　이들도 남들과 똑같이 24시간을 산다.

o 다만, 다른 점이 있다면

　이들은 시간을 아낀다.

　버려지는 시간을 그러모은다.

　그런 시간을 이용해서 뭔가를 만들어 낸다.

o 퇴근 후 30분,

　점심시간 30분,

　출근 전 30분,

　2번의 술자리 1번으로 줄이기

　등등의 노력을 통해

　시간을 만들어 낸다.

2월 18일 사서(四書)

○ 주자는 말했다.

　먼저 〈대학〉을 읽어서 규모를 정하고,

　다음에 〈논어〉를 읽어서 근본을 세우며,

　다음에 〈맹자〉를 읽어서 탁월한 점을 관찰하고,

　다음에 〈중용〉을 읽어서 옛 사람의 미묘한 뜻을 탐구한다.

　〈논어〉, 〈맹자〉, 〈대학〉, 〈중용〉 중에 분량 면에서

　가장 적은 것이 〈중용〉이다.

　하지만, 그 내용의 심오함은 더 깊다.

　그리하여 네 권의 책 중 〈중용〉을 제일 나중에 읽으라고 했다.

　〈논어〉는 공자의 말을 그의 제자가 썼다.

　〈맹자〉는 맹자가 썼다.

　〈대학〉은 주자가 썼다.

　〈중용〉은 공자의 손자인 자사가 썼다.

2월 19일 계획 짜기 요령

○ 수학 공부 한 시간 해야지 하고 덤비면,

  이상하게 수학 공부를 하지 않게 됩니다.

  운동 하루에 한 시간씩 해야지 하면 절대로 하루에 한 시간씩 못합니다.

  거의 99.99%의 사람들은 짧으면

  작심 하루 길어봐야 작심 십 일쯤 될 겁니다.

○ 왜 그럴까요?

  계획이 너무 거창하기 때문입니다.

  계획은 아주 짧게 잡아야 합니다.

  예를 들면 하루에 수학 공부는 딱 1분만 해야지. 운동은 딱 2분만 해야겠다.

  이렇게 시간을 아주 짧게 잡아야 한다는 말입니다.

  그러면 이상하게도 1분만 하기로 했던 수학 공부를

  1시간이 넘도록 하게 되며,

  딱 2분만 운동하겠다는 결심은

  이상하게도 2시간 이상 하게 되는 경우가 다반사로 생깁니다.

2월 20일 성실

○ 성실해야 한다.

그래야 믿음직스럽고 결국 끝에 가서 가장 성공하게 된다.

우연히 좋은 운을 만나 성공을 한 사람도

결국, 나중에는 도로 본래 위치로 오거나 오히려 더 망가지게 된다.

왜냐면, 성실하지 못했기 때문이다.

쉬운 예를 들면 로또 복권 1등 당첨자를 들 수 있겠다.

1등 당첨된 사람치고 제대로 산 사람이 별로 없다.

왜냐? 그들은 성실하게 돈을 모으지 않았기 때문이다.

○ 성실해야 한다.

매일 꾸준히 노력해야 한다.

성실한 사람들이 고지식해 보이고, 심지어 멍청하고,

미련해 보일지라도

그게 바로 인생을 살아가는 정답이다.

성실한 사람들에게는 작심삼일이 없다.

성실하게 조금씩 해나가기 때문이다.

일주일 중 하루 바짝 당기고 나머지 6일을 노는 것보다는

매일 단 5분이라도 끊기지 않고 하는 것이 중요하다.

2월 21일 단순함과 느림

○ 단순하게 산다와 느리게 산다는 어느 정도 일맥상통한다.

반대로 생각하면 이해하기 쉽다.

복잡하게 사는 것은 허둥지둥 사는 것이다.

느리게 살려고 노력하면 단순하게 살 수밖에 없다.

허둥거리면서 단순하게 살 수는 없다.

따라서 단순하게 살고 싶으면,

느리게 살려고 노력해 보는 것도 한 방법이다.

2월 22일 소원성취비법

ㅇ 미국에서 1926년 한 갑부가 소원성취비법이 실린 책을 냈다.

다음과 같다.

① 원하는 목록을 날마다 아침, 점심, 저녁 세 차례 읽는다.

② 원하는 대상을 가급적 자주 생각한다.

③ 아무에게도 이 플랜을 말하지 않고

오로지 자기의 마음속에 있는 위대한 능력에게만 이야기한다.

그러면 이 능력이 자신의 객관적 의식에게 소원 성취의 비결을 제시해준다.

2월 23일 일한다는 것

○ 월급이 100만 원이라면 회사에 100만 원 이상 벌어주어야 한다.

그래야 월급을 받을 수 있다.

한 명의 직원이 이렇게 일을 한다.

두 명의 직원이 이렇게 일을 한다.

100명의 직원이 이렇게 일을 한다.

사장은 직원이 많을수록 더 많은 수익을 올리게 된다.

우리는 하루 8시간 회사에서 보낸다.

회사에 돈을 벌어다 주고, 일부 떼어서 자신의 월급으로 가져간다.

우리의 시간을 회사에 팔고 있다.

노동자는 자신의 시간을 팔며 산다.

자본가는 노동자의 시간으로 먹고산다.

노동자가 많아질수록 자본가는 더 많은 시간을 가져가게 되고,

그만큼 부자가 된다.

노동자는 자본가에게 자신의 시간을 팔아 생계를 해결한다.

하루 8시간 일하는데 그중 일부는 자신의 월급이고

나머지는 기업의 이윤으로 전환된다.

고로 자본가는 노동자의 시간을 사서 이윤을 남긴다.

2월 24일 조강지처

○ 제가 인생의 바닥일 때 아내는 저와 결혼했습니다.

저는 신용불량자였고,

제일 못생기던 시절이었고,

돈도 없었고,

월급도 형편없었던 시절이었습니다.

제 인생에 있어서 제일 바닥일 때,

아내는 시집을 왔습니다.

그런 아내를 배신할 수 없습니다.

의리 때문이라도요

2월 25일 몰입

○ 일에 몰입할 수 있으면 가장 행복하다.
  굳이 일이 아니더라도 자신이 좋아하는 취미나 활동에 몰입할 수 있다면
  그것도 차선책으로 행복할 수 있을 것이다.
  누구나 몰입할 수 있는 것들이 있을 것이다.
  자신이 홀딱 빠져들 만한 일을 찾아 몰입한다면,
  지극한 행복이 그 속에 있으리라.

2월 26일 품위 유지

○ 품위를 유지하기 위한 가장 좋은 방법은 말수를 줄이는 것이다.
  말이 많으면 품위가 손상되기 마련이다.
  빈 수레가 요란하듯이 사람이 가볍게 보이게 된다.
  그렇게 되면 품위는 손상되고, 리더십마저 사라지게 된다.
  차라리 말을 아끼는 편이 무게감을 주며 품위를 유지해 준다.
  썰렁한 분위기를 굳이 띄우려 우스갯소리를 할 필요는 없다.
  오히려 그런 상태를 즐기는 것도 품위유지의 한 방편이다.
  말을 참아보자.
  말수를 줄여보자.

2월 27일 타협

O 자신이 비즈니스 세계에서 잘 맞지 않는다고 생각한다면,
   굳이 벗어나려고 노력할 필요까지는 없다.
   그저 비즈니스 세계를 통해 생계를 해결하고,
   남는 시간은 자신을 위해 사용하면 된다.
   물론 벗어날 수 있으면 금상첨화이겠지만,
   그게 쉽지 않기에 적당히 타협하자는 것이다.

O 웬만한 정상적인 사람들은 직장 생활에 만족하지 못한다.
   웬만한 정상적인 사람들의 꿈은 돈 많은 백수다.
   직업을 갖지 않고 살 수 있다면 그렇게 살자.
   적은 돈으로 적게 쓰고 먹고 살면 된다.
   그런데 그게 어렵다면
   적당히 타협하고 살자.

2월 28일 스마트폰

○ 제발 좀 스마트폰 좀 놓고 살자.
  화장실에 갈 때도 가져가.
  자기 직전까지 보다 자.
  언제까지 끼고 돌 것인가?

  앞으로 화장실 갈 때만이라도 가져가지 말자.
  화장실에 책 한 권 두고서
  큰일 볼 때 스마트폰 보는 대신 책을 보자.

3월 1일 간절함

어느 공무원시험 불합격자의 수기

○ 세상에는 거저 되는 것이 없나 보다.

심심치 않게 노력을 했어도 이루어질 수 없는 절대 고성이 있는가 보다.

나도 예전에 한 시험에 합격하려고 시중에 나온 문제집이며,

참고서며 죄다 사다가 풀어보고 밑줄 쫙쫙 한 적이 있었다.

자신감은 충만했고 시험 보는 당일에도 내 오만함은 넘쳤고,

시험 보는 중에도 합격이다, 라는 거만한 생각이 들었다.

하지만 결과는 낙방! 1점 차 낙방이었다. 세상에 이럴 수가.

세상이 싫어졌다.

내 잘못을 시인하기도 전에 세상부터 탓해버렸다.

왜 떨어졌을까?

그건 '간절함'이 없었기 때문으로 해석한다.

많은 노력을 했음에도 불구하고 낙방했던 건,

나에게는 간절함이 없었다.

이 정도 하면 되겠지, 하는 맘으로 공부했다.

거만함과 오만함만 늘었고 함정을 보지 못했던 것이다.

3월 2일 이순신의 배짱

ㅇ 이순신은 수도 없이 상관의 역린을 건들었다.
  스스로 판단을 내렸고, 임금의 말조차도 듣지 않았다.
  그리고 후에 백의종군하게 된다.

  상관의 명령을 듣지 않으면 변을 당한다는 사실을 몰랐을까?
  알았을 것이다.
  하지만, 그는 배짱 있게 소신대로 행동했다.
  그리고 그는 그게 애국의 길이라고 판단했을 것이다.
  편하게 임금 말을 따르면서 했다면, 임금에게 내쳐지지는 않았겠지만,
  나라는 일본에 접수했을지도 모를 일이다.

3월 3일 인간의 불완전성

ㅇ 아무리 뛰어난 역사적 인물이라 할지라도
  그들 역시 흠이 있는 인간이다.
  따라서 그들에게서 좋은 점만 뽑아 배워야지
  그들 인생 전체를 배우려 해서는 안 된다.

3월 4일 읽기 능력

○ 버겁고 어려운 책을 무조건 피하지는 말자.

한 달이 걸리든, 여섯 달이 걸리든

한번 끝까지 물고 늘어져 보자.

그런 경험이 헛되지는 않을 것이다.

다른 책을 볼 때 읽기 능력이 일취월장했음을 알게 될 것이다.

3월 5일 니즈 발견

○ 사람들이 필요로 하는 것=needs, 니즈을 늘 생각해 보라.

먼저 나의 니즈는 무엇인지 알아보는 것도 좋겠다.

불만이 있는 곳에 니즈가 있다.

니즈만 하나 제대로 건지면 돈은 자동으로 따라붙는다.

3월 6일 견디기

○ 못생긴 나무가 산을 지킨다고 했다.

  엉덩이 무거운 사람이 이기는 법이다.

  잘난 사람은 잘난 맛에 이리저리 자리를 옮긴다.

  그 와중에 발전이 있을 수도 있겠지만,

  결국 제풀에 지쳐 쓰러지게 된다.

○ 묵직하게 시련을 견디면서 자신의 자리를 오래도록 지키고 서 있자.

  찬 돌도 3년 앉아 있으면 따뜻해진다고 했다.

3월 7일 요청

○ 아이는 배가 고프거나 뭔가 불만 사항이 있으면 울어서 이를 알린다.

  어른이 될수록 아이 때 하던 짓을 우겨 참아낸다.

  그러니 아무도 자신이 어떤지 알 길이 없다.

  울어야 한다.

  울어야 남들이 알아준다.

  남들이 알아서 해줄 거라고 기다리다간 혼자 바보 되기 십상이다.

3월 8일 장기 노력

○ 성공은 단기간에 이루어지지 않는다.

   장기간에 걸친 노력의 산물이다.

3월 9일 인터넷 글쓰기

○ 인터넷 글쓰기와 책 글쓰기는 다르다.

   인터넷 글쓰기는 충분히 가독성을 고려해야 한다.

   많이 띄워야 하고, 약물기호도 써야 한다.

   그리고 될 수 있으면 짧고 굵어야 한다.

   길면 거의 안 읽는다.

   시를 쓰듯 써라.

3월 10일 작은 차이

○ 아무것도 아닌 자가 성공하는 경우가 있다.

사실 그는 아무것도 안 한 것이 아니다.

그는 준비했을 것이다.

항시 밝은 생각, 긍정적인 생각을 품고 살았을 것이다.

그 생각의 씨앗으로 성공할 수 있을 것이다.

항시 긍정적인 생각을 할 필요가 여기에 있다.

○ 현재 하찮은 일을 하는 사람 둘이 있다고 치자.

10년~20년 후 한 사람은 멋지게 성공하고,

다른 한 사람은 그냥 그대로 산다면,

과연 차이점이 뭐가 있을까?

바로 마음가짐이다.

작은 시간을 쪼개서 스스로를 위한 시간을 가진 사람과 아닌 사람과 차이는

10년~20년 후에는 반드시 나게 되었다.

따라서 항시 긍정적인 사고로 자신을 위하고 자신을 사랑해야 한다.

그 작은 것들이 쌓여 나중에 큰 차이를 보이게 된다.

3월 11일 잠자는 거인

○ 누구에게나 정말이지 누구에게나

　많이 배우지 못한 사람에게나

　아이큐가 정말 낮은 사람에게나

　몸이 불편한 이에게나

　사회적 약자에게나

　정말 누구에게나 '잠자는 거인'은 있다.

○ 그걸 깨우느냐 못 깨우느냐

　그게 중요하다.

3월 12일 차세대 리더 양성

ㅇ 제갈공명은 장완과 비위를 다음 세대의 리더로 지목했다.

장완
제갈량으로부터 '나의 오른팔'이라는 칭찬을 받았다
제갈량의 뒤를 이어 승상이 되어 촉의 국력회복에 힘썼다.
병이 들어 전권을 비위에게 넘겨준다.

비위
장완의 뒤를 이어 약소국인 촉을 이끌었다.

제갈공명은 차세대 리더를 잘 양성했다.
그러나 조조는 사마의에게 쿠데타의 빌미를 주었다.

3월 13일 집보다 책

ㅇ 악착같이 월급의 절반을 저금하면서
　집을 산다고 허리띠 졸라매며 사는 것보다
　월급의 10%를 뚝 떼어 책을 사보는 게 더 낫다고 생각한다.

3월 14일 헬렌 켈러

ㅇ 헬렌 켈러는 1880년생으로 우리나라 단재 신채호 선생님과 동갑이다.

그녀는 퀴리 부인과는 다른 사람이며,

보지도, 듣지도, 말하지도 못하는 장애를 딛고

책을 쓰고 강연을 했으며

1937년에는 한국에도 방문했다.

3월 15일 부자

ㅇ 배우자를 잘 만나야 부자가 될 수 있다.

자신은 열심히 돈 모으려고 하지만, 부인이 돈을 쓴다면 이것! 미친다.

반대로 부인은 열심히 한푼 두푼 모으려고 아등바등하지만

남편은 한 번에 카드로

술값을 50만 원 100만 원어치씩 팍팍 긁어온다. 이것! 미친다.

둘 중 하나만 헛짓거리 해도 부자가 되기는 힘들다.

즉, 둘 다 같은 방향을 보고

열심히 부자를 향해 노를 저어갈 때만 부자가 될 수 있다.

따라서 부부 금실이 좋은 가정은 부자가 될 확률이 높다.

부자가 되려면, 지혜 있는 배우자를 만나야 한다.

3월 16일 꿈꾸기

○ 할 일이 없을 땐 꿈이라도 꾸자.

3월 17일 잘못된 목표

○ 우리는 안정된 직장만을 원해서 살았던 것은 아닐까.

　학창시절 부모들은 이렇게 말했다.

　공부 열심히 해서 안정된 좋은 직장에 들어가라고.

　직장에 취직하는 것은 무엇인가?

　결국, 머슴 생활을 하라는 말이었다.

　사장이 되라는 말을 한 적은 없었던 것 같다.

　우리 부모뿐만 아니라 거의 모든 부모가 이렇게 말을 했던 것 같다.

　좋은 직장이든 나쁜 직장이든 결국 다 머슴 생활 아닌가.

　안정적인 직장을 얻기 위해 학창시절

　그렇게 열심히 공부한들 그도 결국 머슴이다.

　또한, 매우 열심히 머슴 생활을 해도 결국 남는 건 해고조치다.

　이젠 패러다임을 바꿔야 한다. 더 이상 머슴 생활에서 만족해서는 안 된다.

　스스로의 살길을 찾아 나서야 하고,

　이제는 머슴이 아닌 주인으로 삶을 영위해 나가야 한다.

3월 18일 가족의 소중함

○ 가족이 없으면 성공도 아무짝에 필요 없다.

3월 19일 생각하는 법

○ 생각할 때는 편안한 자세에서 천천히 생각해야 한다.

억지로 빨리 문제를 해결하려고 하면

화두선에서 말하는 '상기'의 증세를 겪을 수 있다.

상기는 머리가 아프고 생각하는 게 무지 힘들어지는 상태를 말한다.

사색은 천천히 해야 한다.

3월 20일 보고하는 법

○ 보고하기

① 결론부터 말한다.

② 부연설명이 필요할 것 같으면 하고 아니면 만다.

③ 해결책을 제시한다.

위 세 가지가 없으면 보고서가 아니다.

3월 21일 베풂

○ 베풀면

　다른 모습으로

　반드시

　돌아온다.

3월 22일 맹목

○ 사람들은 앞만 보고 달린다.

관성의 법칙이다.

달리다 보니 그냥 계속 달린다.

주위를 돌아볼 여유가 없다.

왜냐면 달리던 습관이 있기 때문이다.

그래서 항시 바쁘다.

○ 하지만 해 놓은 일은 없다.

그냥 바쁘게 달리기만 한다.

주위를 돌아볼 틈이 없다.

가족도 그에게는 보이지 않는다.

그냥 일만 위해 달린다.

남는 게 없다.

그냥 달리다 보니 부인이 어떻게 사는지,

아이가 어떻게 자랐는지도 모르고

직장동료가 어떻게 되었는지.

왜 그렇게 되었는지도 모른다.

그냥 쳇바퀴의 다람쥐처럼 달리기만 한다.

3월 23일 유산

○ 자식에게 물려줄 유산이 없으면

독서습관이라도 물려줘라.

어떻게?

당신이 먼저 책 읽으면 된다.

그 모습을 보고 자식은 그대로 따라 배운다.

3월 24일 성공의 믿음

○ 자신의 성공을 믿는가?

자신도 믿지 못하는데 누가 나의 성공을 믿겠는가?

내가 내 성공을 믿어야

비로소

성공할 수 있다.

3월 25일 독서결심

○ 사람으로 태어나서 다섯 수레의 책을 읽어보겠다고 다짐하는 것은
매우 가치 있는 일이다.
다섯 수레면 약 5,000권이라고 한다.

3월 26일 함정

○ 아침형 인간은 함정이다.
창조하는 사람은 거의 야간형이다.
매일 일찍 일어나서 출근해야 하는 회사원들이나 아침형에 걸맞다.
자본가의 놀음에 놀아나지 마라.

3월 27일 취침 직전

○ 잠자리에 들어서 그냥 자지 마라.
잠에 빠져들기 직전까지 자신의 소망이나 꿈에 집중해봐라.
매일 밤 그렇게 해봐라.
신기한 경험을 하게 될 것이다.

3월 28일 짧고 굵게

o 가훈이 없다면 당장 만들자.

   길게 만들면 소용없다.

   짧고 굵게 만든다.

   표어는 간략해야 한다.

   가끔 보면 엄청나게 긴 글을 가훈이나 회사의 미션과 비전으로 삼는데

   그가 다 쓸데없는 짓이다.

   외우지도 못하고, 외운다 해도 가슴에 와 닿지 않는다.

   짧고 굵고 누구나 쉽게 외울 수 있는 명쾌한 글이라야 한다.

3월 29일 책 읽는 사람

o 책 읽는 사람치고

   꿈 없는 사람 없다.

3월 30일 성공의 길

○ 남들이 가보지 않는 길 Blue ocean을 가는 것에 성공이 숨어 있다.

  그 길이 두렵다면

  남들이 힘들어서, 더러워서,

  어려워서 가기 싫은 길에 도전해 보는 것도 한 방법이다.

3월 31일 혼내는 방법

○ 아이를 혼낼 때는 행동에 초점을 맞춰야 한다.

  "너 왜 그랬어? 혼날래?"라고 하면 안 된다.

  아이 존재를 구박해서는 안 된다.

  "너의 그런 행동은 정말 나쁜 거야."

  그 행동이 잘못된 거라고 알려줘야 한다.

4월 1일 가치

○ 꿈이 없다는 건 잘못한 게 아니다.

　그저 아직 때를 만나지 못한 것뿐이다.

　꿈이 없어도 지금 위치에서 성실히 살아가는 것만으로도

　충분히 가치 있다.

4월 2일 수단

○ 영어를 할 수 있으면 더 많은 기회를 만나게 될 것이다.

　어쩌면 그것이 당신을 지켜줄 최고의 무기가 될 수도 있다.

　그러나 그것을 절대시해서는 안 된다.

　기술의 개발로 동시 번역기가 세상에 나오고 있다.

4월 3일 말

○ 새로운 언어 습관을 들여라.

부정적인 말을 하고 있다는 것을 느낄 때

의도적으로 정반대의 말을 하는 습관을 들여보자.

육두문자로 말하기보다 에이 '복 받을 분'이라고 욕해보자.

'이팔청춘'이라고 욕해보자.

○ 말이 씨가 된다는 말은 진실이다.

현재 그 사람이 어떤 말을 하는 가를 잘 들어보면

그 사람의 앞으로 10년 후의 모습을 그릴 수 있다.

그 사람이 희망찬 이야기만 입에 올리면

그는 분명히 10년 후 그 희망찬 모습이 되어 있을 것이 분명하다!

4월 4일 감사

○ 긍정의 힘에 대해 알고 있다.
긍정적으로 살려면
감사하는 마음으로 살면 된다.

○ 감사할 일이 없다.
그래도 감사해야 한다.
어떻게 해서든 찾아내서 감사해야 한다.
'그럼에도 불구하고' 감사합니다.
이 말을 쓰면 된다.

4월 5일 아이

○ 아이가 말을 하고, 생각하기 시작하면
하나의 인격체로 대우해줘야 한다.
곧, 어른으로 대우해줘라.

4월 6일 무의식 활용

O 의식과 무의식이 있다.

쉬운 예를 들면 알기 쉽다.

운전을 배운다고 상상해 보자.

처음에는 각도 재고, 액셀을 밟고, 핸들 꺾고, 브레이크 밟고

이거저거 계속 연습을 하게 된다.

힘들다.

그런 일을 반복해서 하다 보면

어느 순간 자신도 모르게 운전을 능숙하게 할 수 있게 된다.

그리고 그때는 전혀 피곤하지 않다.

즉, 자동으로 언제 어디서 브레이크를 밟아야 하는지

머리로 생각하기 전에 발이 먼저 행동하게 된다.

자동프로그램에 완전히 입력된 것이다.

이게 바로 무의식 속에 새로운 프로그램을 입력시키는 과정이다.

뭔가를 이루고 싶으면 무의식을 이렇게 이용하면 된다.

4월 7일 돈 관리

○ 부자들은 돈을 얼마를 버는가보다는
   얼마를 쓰는가의 통제에 더 관심을 두고 있다.

   부자들은 내 주머니에 얼마가 들어오는지보다는
   얼마가 나가는지 먼저 점검한다.

4월 8일 인사

○ 가족과 아침에 출근하면서 헤어질 때 인사 잘하자.
   그게 마지막이 될 수도 있으니까.

4월 9일 차이

ㅇ 같은 일을 하는 두 사람이 있었다.
한 사람은 그냥 일만 열심히 했고,
다른 한 사람은 일하면서 자신의 꿈을 그렸다.

그 결과 자신의 꿈을 매일같이 꿈꾸던 사람은
그냥 열심히 일만 한 사람보다 훨씬 성공하게 되었다.
단지 그냥 꿈만 꾸었을 뿐이었다.

이는 뭔가?
기왕이면 자신의 소원을 자주 꿔줘야 한다.
소원이 이루어진 것처럼 계속 상상해 줘야 한다.
무작정 일만 한다고 성공하는 것은 아니다.

4월 10일 어른들 말씀

○ 어른이 돼서 우리는 이런 사실을 알게 된다.
 "옛 어른 말 하나도 틀린 게 없다."
 후회한다.

 그러나 지금도 늦지 않았다.
 어른들 말 그대로 따라 하면 된다.
 어른이 없으면 좋은 책에서 말하는 그대로 따라 해 보자.
 10년만 해봐라.

4월 11일 섬

○ 우리나라에게 네 번째로 큰 섬은 어디일까?
 강화도

 그럼 두 번째로 큰 섬은?
 거제도

 울릉도는 8위, 인천공항이 있는 영종도는 10위다.

4월 12일 존재 혼란

o 〈삼국지〉에 나오는 영웅호걸들을 보면서

　대륙통일의 꿈을 꿔 보기도 하지만,

　나라는 존재는 황건적이나 일반 민초라는 사실에

　약간 혼란해진다.

4월 13일 각오

o 뭔가를 각오한다.

　그러나 시간이 흘러 돌아보면

　다시 안 하고 있다.

　각오했는데 또 안 하고 있다면

　어쩌면

　그건 당신에게 맞지 않는 일이다.

　다른 일을 찾는다.

4월 14일 효과

○ 웬만한 일들의 효과는 한참 후에 나타난다.

평균 잡아 15개월이다.

이 기간을 잘 버티면 해내는 것이요,

못 버티면 포기하게 되는 것이다.

보통 못 버틴다.

효과가 빠르게 나타나면 다들 해낼 것이지만,

효과가 늦기에 웬만한 사람들은 다 나가떨어진다.

반드시 효과가 나타난다는 것을 믿는다면

이룰 수 있다.

그래서 믿음이 중요하다.

4월 15일 직장 내 권력

○ 직장에서 절대 권력은 없다.

사장이 되면 절대 권력을 누릴 것 같지만,

회장이 또 다른 경쟁자를 하나 심어준다.

끝이 안 난다.

4월 16일 노동자

o 노동자가 더 많은데 집권당은 소수의 기득권을 옹호하는 보수당이다.

아니 왜 이런 현상이 일어날까?

노동자들이 텔레비전을 너무 많이 보기 때문이다.

기득권은 텔레비전을 이용해서 노동자들의 생각할 거리를 빼앗고,

단순 쾌락과 자신들에게 이로운 것들만 세뇌시키기 때문이다.

o 텔레비전 광고는 자본가의 주머니에서 나온다.

텔레비전 오락프로그램의 비용은 광고해서 번 돈에서 나온다.

텔레비전 드라마 또한 같다.

뉴스도 자본가의 주머니에서 나온 돈으로 만들어진다.

당연히 텔레비전에 나오는 프로그램은 자본가 편일 수밖에 없다.

노동자들은 계속 세뇌되고

뭐가 뭔지도 모른 채

평생을 텔레비전 속에 파묻혀 살다가

죽는다.

4월 17일 자각

o 내 위치가 어디인지 알고 싶으면
  텔레비전을 버리고
  책을 펴들어라.

4월 18일 글쓰기

o 글을 잘 쓰려고 생각하는 순간부터, 글쓰기가 힘들어진다.
  이것저것 생각하게 되고, 이리 재고 조리 재게 된다.
  띄어쓰기는 맞는지,
  맞춤법은 맞는지,
  주어 서술어는 호응이 이루어지는지,
  앞에 한 말과는 다른 초점으로 쓰고 있지는 않은지
  고민이 생기는 순간부터 글쓰기는 버거워진다.

4월 19일 적정 집값

o 전세값이 적정 집값이다.
  =집값과 전세값과의 차이가 거품이다.

4월 20일 제대로 읽기

o 과연 많이 읽는다고 많이 얻는 것일까요?
  물론 많이 읽으면 많이 얻을 것 같지만,
  일정 시간 숙성의 시간이 필요한 것 같습니다.
  읽는다고 그것이 다 기억에 남을 리도 만무하고,
  몸에 서서히 스며들어야 하는 시간인
  '숙성'의 시간이 필요한 법이라는 생각이 들었습니다.
  '책을 군이 많이 읽지 않아도 된다,
  많이 읽고 빨리 읽기보다는
  '제대로' 읽는 것이 가장 좋은 독서법이다.' 라는 생각이 들었습니다.

4월 21일 책쓰기

○ 책쓰기는 트렌드가 될 것이 분명하다.

 이제는 누구나 작가가 되는 시대다.

4월 22일 책값

○ 책 사는 데 주저하지 마십시오.

 책값이 아깝다고 생각하지 마십시오.

 엉망진창인 책을 샀다고 후회하지 마십시오.

 제대로 걸린 한 권의 책이 이 모든 것을 다 보상해주고도 남을 테니까요.

4월 23일 마음의 힘

○ 우리에겐 마음의 힘이 숨어 있습니다.

잘 꺼내서 사용한다면 좋겠지만,

그게 쉽지는 않습니다.

일단 진짜 있는지 없는지 테스트해봅시다.

알람을 맞춰놓지 말고 잠자기 전에 마음속에 약속을 걸어둡니다.

내일 아침엔 6시에 일어나겠다.

내일 아침엔 6시에 일어나겠다.

마음에 각인될 때까지 각오를 다지고 잠에 듭니다.

정말 알람 없이 6시에 눈이 떠지는 것을 경험할 수 있을 겁니다.

4월 24일 인과응보

○ 인생은 인과응보라고 한다.

세상에 공짜는 없다고 한다.

다 같은 말이다.

뿌린 대로 거둔다고 한다.

현재의 내 모습은 내가 과거에 뿌린 것에 대한 결과다.

4월 25일 우리나라 인구

○ **우리나라 역대 인구**

1392년 조선 건국 5백만

1511년 조선 중종 1천만

1945년 해방 3천만

2017년 현재 7천 6백만

4월 26일 예절

○ 안녕하세요? 보다는

안녕하십니까? 가 더 정중한 표현이다.

전화 끊을 때 '들어가세요' 보다는

'이만 끊겠습니다가 더 나은 표현이다.

4월 27일 @의 명칭

○ 한국 : 골뱅이

프랑스, 이탈리아 : 달팽이

독일, 네덜란드, 핀란드, 헝가리, 폴란드, 남아프리카 = 원숭이 꼬리

노르웨이 = 돼지꼬리

중국 = 생쥐

러시아 = 강아지

체코 = 돌돌 만 절인 생선

4월 28일 소득에 맞는 집

○ 내 소득에 맞는 집?

자기 소득에 집이 몇 배가 되는지 계산해보는 방법이다.

평균 5.5배라고 생각하면 된다.

연봉이 3천이면, 집값은 약 1억 5~6천이 적정이라고 보면 된다.

물론 지역마다 편차는 있다.

4월 29일 돈과 꿈

○ 좋아하는 것을 좇자니 돈이 궁해지고,

　다시 돈을 좇자니 재미가 없고

　그러다가 다시 꿈을 좇자니 돈이 다시 멀어지네.

4월 30일 말

○ 말에 자신이 없다면

　책을 소리 내서 읽어보자.

　발음도 좋아지고, 말에 익숙해진다.

5월 1일 감사노트

○ 매일 감사한 일 3가지를 노트에 적는다.

감사한 이유를 적어 놓는다.

매일 자기 전에 이를 실시한다.

왜 해야 하나요?

감사하면 행복해진다.

의도적으로라도 감사하면 그게 힘이 된다.

5월 2일 원수

○ 원수는 남이 대신 갚아주는 법이다.

5월 3일 잠

O 잠은 충분히 자야한다.

충분한 잠은 개인마다 다르다.

10시간이 될 수도 있고,

4시간이 될 수도 있다.

중요한 것은 잠자는 시간은 확실하게 확보하고

나머지 깨어있는 시간을 확실하고 알뜰하게 사용하면 된다.

가장 기본적인 잠을 줄이는 것은 결국 나중에 탈이 나게 되어있다.

5월 4일 개인 브랜드

o 1인 기업, 개인 브랜드 확립.

많은 자기계발서 책들에서 볼 수 있는 단어다.

평생직장이 아닌 평생 직업의 시대와도 상통한다.

전문가가 되어야 하고, 자기 분야에서 일가를 이뤄야 한다는 말이다.

근데 이 개념은 새로 생긴 것이 아니다.

인류가 있어온 이래로 계속 우리 옆에 있어왔던 개념이다.

단지 그것을 글로 표현해 놨을 뿐이다.

어느 시대, 장소를 막론하고 전문가 부재는 없었다.

5월 5일 소파

o 어린이날을 만든 사람은 소파 방정환이다.

그는 손병희의 사위이기도 하다.

손병희는 동학 3대 교주로 동학을 천도교로 개명하였으며,

3.1만세운동에 주도적인 역할을 한 사람이다.

5월 6일 책

○ 그 사람을 알고 싶으면, 그 사람이 현재 읽는 책이 뭔지를 알면 된다.
이는 달리 해석하면, 책은 사람을 만드는데
결정적인 역할을 한다는 말이 된다.
즉, 책이 사람을 만드는 것이다.
사람이 책을 만들지만, 궁극적으로 책이 사람을 만드는 것이다.

5월 7일 텔레비전

○ 텔레비전을 1시간 이상 보면 마비되는 느낌이 든다.
멍청해지고 있는 거다.
단순 생각만 종용하고 깊은 사색을 방해한다.

5월 8일 배웅

○ 누군가와 헤어질 때
상대방이 사라질 때까지 자리를 지키고 서 있자.
꽤 깊은 인상을 심어줄 것이다.

5월 9일 성공방정식

○ 뭔가를 누군가에게 베풀거나 주었으면,

우리는 보통 즉시 그 대가를 바라곤 한다.

하지만, 사회적으로 성공한 사람들은 그 대가를 잠시 보류해 둔다.

대가를 바로 받게 되면, 상대에게 빚을 지게 만드는 것이 아니다.

성공하려면 상대에게 빚을 지게 만들어야 한다.

빚을 진 상대는 언젠가 이 빚을 갚아야겠다고 생각하게 된다.

5월 10일 아버지

○ 아버지란 존재는 아들에게는 거대한 존재임엔 틀림없다.

나이가 들면서 아버지란 존재가 크게 느껴진다.

어머니에게선 배울 수 없는 것들을 배울 수 있다.

어머니의 아기자기한 사랑과는 다른 것이 아버지에게 있다.

단지 아버지가 자신의 자리를 지키는 것만으로도 큰 의미가 있다.

5월 11일 노력

○ 세상에 이름을 알리는 사람들은 다 그만한 노력을 했다는 것이다.

그냥 공으로 명성을 얻은 것이 아니다.

노력했기에 명성도 얻고 부도 얻을 수 있는 것이다.

나이는 중요하지 않다.

5월 12일 역전

○ 가정환경은 매우 열악했다.

아버지는 어머니와 이혼하고 다시 재혼하여 이복동생들도 있고,

할머니에게 맡겨져 키워지고,

방황하는 10대로서 14세에 혼숙을 하다가

강간을 당해 임신하여 출산하였지만

조산이라 아이를 잃고 뭐 그런 식이었다.

그녀는 현재 미국에서 엄청나게 성공한 오프라 윈프리다.

5월 13일 부자와 빈자

○ 부자들은 비용이 아닌 자산에 돈을 사용한다.

 빈자들은 자산이 아닌 비용에 돈을 사용한다.

 부자는 임대료가 나오는 아파트를 사지만

 빈자들은 쓰면 다음 날부터 값이 떨어지는 자동차를 할부로 산다.

5월 14일 세상

○ 내가 죽으면 세상이 멈출 것 같지만 그렇지 않다.

 최근에 죽은 유명인을 보라.

 그가 죽어도 세상은 아무 일도 없었던 것처럼 진행된다.

5월 15일 충성심

○ 상사는 능력이 좋은 후배를 보게 되면 일단 경계를 하게 된다.

 능력이 좀 있는데? 근데, 싹수가 있나 없나? 를 검토하게 된다.

 여기서 싹수는 충성심이다.

 싹수도 없으면서 능력이 특출한 후배는 제거 대상 1순위다.

 차라리 능력이 조금 부족하더라도 충성심이 강한 친구가 좋다.

5월 16일 직언

○ 상사에 대한 직언은

　절대로 사람들이 많은 곳에서 하면 안 된다.

　은밀히 단둘이 조심스레 꺼내야 한다.

5월 17일 상사

○ 상사도 인간이다.

　인간은 불완전하다.

　상사를 완벽하게 생각하는 것부터 잘못이다.

5월 18일 발표

○ 남 앞에 섰을 때 떨지 않는 비법이 있다.

　발표 시 말끝에 힘을 주는 것이다.

　문장이 끝날 때마다 말끝을 의도적으로 올려 말하게 되면,

　이상하게 자신감이 붙는다.

　내 말에 자신감이 붙으면서 좌중을 압도하는

　이상한 기운이 입에서 나오는 것을 느낄 수 있다.

5월 19일 영감

○ 영감이 생겨서 창조하는 게 아니다.
  창조하려고 반복적으로 노력할 때 영감이 찾아온다.

5월 20일 전기

○ Q. 전기는 어떻게 생기는가?
  A. 코일과 자석이 있으면 된다.

  코일과 자석을 주기적으로 접근시키면 전기가 발생된다.
  자석과 코일의 접근 운동에너지가 필요하다.

5월 21일 남의 사과

○ 공기업을 다니는 사람도 아내에게 직장 때려치운다는 말을 한다.
  아니 그럼 도대체 우리는 어디로 가면 된단 말인가?

  다른 곳이 좋을 것 같지만, 다 거기서 거기다.
  다 힘들기는 마찬가지다.

5월 22일 무기

○ 나는 무엇으로 먹고사는가?

나의 무기는 무엇인가?

지금 다니고 있는 직장에서만 써먹을 수 있는 기술인가?

다른 곳에서도 써먹을 수 있는 기술인가?

평생 우려먹을 수 있는 기술인가?

5월 23일 극복

○ 역경을 극복하는 가장 손쉬운 방법이 있다.

역설적이지만, 감사하면 된다.

5월 24일 이번 생

○ 이번 생은 틀렸다고 포기하지 말자.

다음 생이 있을지 없을지 모른다.

없다면 억울해서 어떻게 할 것인가?

있어도 문제다. 전생이 통 기억이 나질 않을 테니.

5월 25일 민주적 리더십

○ 리더십이란 조용하면서도 고요하고

절대로 자신을 내세우지 않는 것이다.

다른 많은 사람이 자신의 의견을 제시할 수 있게끔

자신을 뒤로 물리라는 것이다.

그리하여 여러 사람의 의견을 종합하고

요약 정리한 다음

그에 따른 명확한 결단을 내리는 것이다.

5월 26일 낮잠

○ 낮잠? 좋다.

15분 정도의 낮잠은 좋다.

그런데, 일어나는 시간이 고통스러우면 안 자는 게 낫다.

하루 두 번 고통을 겪을 필요는 없으니까

5월 27일 리더의 자질

o 리더가 솔선수범하는 자세는 좋지만,

리더가 군이 같이 옆에서 끝까지 일할 필요는 없다.

사실 그것은 리더 본연의 일은 아니다.

리더는 끌어주는 사람, 힘을 돋우는 사람이지 직접 일하는 사람은 아니다.

오히려 리더가 팀원들과 열심히 하면서 줄기차게 일하는 조직은

위험한 조직이다.

리더는 여유로워야 하고, 한가하게 보여야 한다.

그래야 창의성이 솟구친다.

팀원도 그런 리더의 모습을 보고 시기하지 말아야 한다.

5월 28일 인생

o 어려운 길을 가면, 쉽게 된다.

구체적으로 어떤 의미일까?

새벽 4시에 일어나는 것은 힘들다. 어렵다.

하지만, 그 힘들고 어려운 새벽 4시 기상을 행하게 되면,

그로 인해 인생이 쉬워진다는 얘기다.

또 다른 예를 들어보자. 공부하기는 어렵고 지친다.

하지만 매일 5시간씩 공부하는 어렵고 지치는 것을 하게 되면

나중에는 뭐든 쉽고 편하게 된다는 의미다.

5월 29일 독서

o 책을 읽다가 짜증 나면 그냥 던져두자.

그 책이 좋은 책이라면 분명 나중에 다시 찾게 된다.

5월 30일 인간관계

○ 인간관계에 대한 모든 해법은 딱 4자에 다 숨어 있다.

역.지.사.지.

5월 31일 고마워, 사랑해

○ 아이와 아내에게 아무것도 바라는 마음 없이,

그냥 있는 그대로를 사랑하며

아이와 아내에게 시도 때도 없이 '고마워, 사랑해'라고 귀에 속삭여주자. 놀라운 변화가 생기는 것을 경험하게 될 것이다.

6월 1일 도중에 생긴 꿈

O 자신의 일을 하면서 꿈이 생겨버렸다면 어떻게 할 것인가?

회사원인데, 다른 꿈이 생겨버렸다. 회사를 다닐 것인가, 말 것인가?

꿈 시간을 투자할 수 있다면 그냥 회사를 다니면서 즉, 돈을 벌면서

꿈 시간을 확보하면 될 것이고,

도저히 꿈 시간을 확보할 수 없다면, 회사를 과감하게 그만두는 것이다.

퇴직금과 그간 모아놓은 돈을 활용해서 생계를 버티고,

자신의 꿈을 향해 뚜벅뚜벅 걸어가면 된다.

하지만, 꿈은 빨리 이루어지지 않는다.

오랜 시간이 걸린다.

따라서 꿈으로 돈을 벌 수 있을 때까지 다른 일을 찾아봐야 한다.

대신 꿈 시간을 확보할 수 있는 일이어야 한다.

6월 2일 운동

○ 인간은 원래 태생적으로 달리게 되어있었다.

수렵활동을 하다 보니, 달려야만 했다.

가만히 앉아있다간 굶어 죽기 딱 좋다.

잘 뛰어야 잘 잡을 수 있다.

배가 홀쭉했다.

원래 그렇게 생겨먹었는데,

채집생산체제로 바뀌면서 배가 나오기 시작했다.

뛸 필요가 없게 된 것이다.

그럼에 따라 달리는 운동 대신 앉아서, 혹은 서서 하는 정적인 운동이 많아졌다.

동적인 운동을 해야 배가 들어가는데, 정적인 운동으로는 배가 더 이상 들어가지 않았다.

그래서 배를 넣기 위해선 뛰는 수밖에 없다.

6월 3일 명상

○ 불교의 명상법 중에 '위파사나'라는 게 있다.

　자신을 바라보는 수행법으로 소위 관법이라고 불린다.

　내가 제삼자의 입장이 되어서 나를 바라보는 것이다.

　어떤 화두를 잡고서 그것에 대해 생각을 집중적으로 하다가

　만약 딴생각이 들면

　'아, 내가 지금 딴생각을 하고 있구나, 다시 화두를 잡아야겠다'

　라고 바로바로 알아차리는 명상법이다.

6월 4일 대화법

○ 해결책 제시보다 좋은 것은 공감하기다.

　자식의 고민이나 아내의 고민을 듣고서 불같이 화를 내면서,

　해결책을 제시해 주려고 하다 보면 이내 관계가 불편해지기 마련이다.

　이럴 때 필요한 것은 공감해주기다.

　해결책은 본인들이 더 잘 안다.

6월 5일 책내기

○ 책을 낸다고 인생이 획기적으로 바뀌지 않는다.
  쓴 책이 떠야 바뀐다.

6월 6일 진정한 나

○ 내 삶을 내 시간을 나를 위해 사용할 수 있는 자는
  얼마나 행복하고 여유로운 자인가.
  가면을 벗어던지고,
  진정한 나로서 삶을 살 수 있다는 자유!
  그것이 프리랜서의 가장 큰 매력일 것이다.

6월 7일 자식 사랑

○ 자식이 크면 냉정해져야 한다.

　품 안의 자식이라고 크면 놔줘야 한다.

　시기별로 아이를 사랑하는 법이 있다.

○ 유년기는 헌신적인 사랑이 필요하다.

　사춘기는 지켜봐 줘야 한다.

　성년기는 냉정해져야 한다.

6월 8일 이순신

○ 이순신의 쾌속 승진에는 류성룡이 있었다.

이순신보다 3살이 많은 류성룡은

어릴 적 서울에서 이순신이 살 때 한 동네 살던 형이다.

이순신의 강직함을 잘 알고 있었던 류성룡은 이순신을 천거한다.

허나, 그도 이순신이 백의종군할 때 이순신에게 등을 돌렸다.

○ 이이.

이순신과 같은 덕수 이씨인데,

류성룡을 통해 이순신을 만나보고 싶어 했지만,

이순신이 거절한다.

이이는 이순신보다 나이가 꽤 많다.

이이는 자신이 인정은 안 하지만, 서인의 거두였기 때문이었다.

자신을 도와주는 류성룡은 동인이었고,

이순신은 괜한 오해를 사기 싫어했다.

당시 이이는 인사권을 가진 판서였다.

6월 9일 눌변

○ 신임을 얻는 데는 달변보다 눌변이 더 낫다.

6월 10일 질문

○ 묻지 못하는 것이 창피한 것이다.

　모르는 것을 모른다고 시인하는 모습은 얼마나 아름답기까지 한가.

　모르는 것을 모른다고 시인하는 사람을 만날 때면

　인간적으로 그 사람이 좋아지기도 한다.

6월 11일 지도자

○ 도덕경에서 노자가 말한 이상적인 지도자는 이렇다.

　일이 너무도 잘 돌아가서

　지도자가 누구인지 모르는 지도자다.

　드러내지 않는 지도자다.

　있는지 없는지 모르는 지도자다.

　존재 없는 지도자다.

6월 12일 이야기

○ 이야기에

감동

교훈

재미

이 세 가지 중 하나는 있어야 한다.

6월 13일 정체성

○ 좋아하는 단어 세 개는 무엇인가?

그게 당신을 정의해줄 것이다.

6월 14일 성공

○ 성공을 따라가지 마라.

저절로 찾아오게 만들어라.

6월 15일 마조히스트

○ 사디스트와 마조히스트의 뜻이 헷갈리면 다음과 같이 외워보자.

마조히스트 = 마조마져서 히기쁠희다. 맞는 게 기쁜 사람이다.

사디스트는 그 반대.

마하트마 간디인지 마하마트 간디인지 헷갈리면 다음과 같이 외워보자.

마♥마 간디.

6월 16일 왕년

○ "내가 왕년에 말이야~"

왕년에만 찾는 사람은

지금은 별로라고 말하는 것과 같다.

6월 17일 인구유지

o 두 명이 만나 최소 둘은 낳아야 인구가 유지된다.

살다 보면 죽기도 하니까 적정자녀 수는 2.1명이다.

우리나라는 1983년부터 자녀 수가 2.1명 이하로 줄어들었다.

6월 18일 끝까지

o 포기하고 싶을 때,

나는 더 이상 못 하겠어라는 말이 입안에서 맴돌 때

조금만 더 참고 견뎌보자.

99%까지는 누구나 한다.

마지막 1%까지 다 해는 이는 적다.

이들이 성공한다.

6월 19일 천부적 재능

○ 하늘에서 주신 나만의 능력을 발휘하지 못하고 죽는다면

　이 얼마나 슬픈 일인가.

　하늘에서는 이렇게 말할지도 모르겠다.

　"줘도 못 먹나?"

6월 20일 선택

○ 뭔가 결정하기 곤란한 상황에 직면하게 되면,

　어떻게 결정을 내릴 것인가?

　그 결론은 간단하다.

　훗날 역사에 부끄럽지 않을 행동을 하는 것이다.

　현실에 타협하고 안 하고는 중요하지 않다.

　후손들이 나를 어떻게 볼까를 곰곰이 고민하다 보면 답이 나오게 된다.

　내가 바로 역사다, 라는 생각으로 살면 반듯하게 살 수 있다.

6월 21일 독서

○ 정말 독서를 하고 싶다면
  집에 위용을 자랑하고 떡 버티고 앉아 있는
  텔레비전을 버리면 된다.

6월 22일 차별화

○ 차별화를 성립하려면, 다른 것을 엮어야 한다.
  드럼 치는 것이 취미인 의사라면,
  '드럼 치는 의사'라고 차별화를 시켜야 한다.
  의사는 많지만, 드럼 치는 의사는 매우 극소수며
  어쩌면 세상에 혼자가 될 수도 있다.
  2개보다 3개. 3개보다 4개를 엮으면 엮을수록 더욱 차별화가 된다.
  예를 들어보자.
  야구하며, 브레이크 댄스 추며, 시를 쓰는 수의사.
  가수면서 영화배우.
  배우였으면서 책 쓰는 공직자
  탈춤추면서, 글 쓰면서, 작곡하는 회사원……
  이것이 바로 개인의 차별화 전략이다.

6월 23일 사업

○ 자기가 할 사업이 동종업계와 비교해서 뭐 특별한 것이 없다면
   시작하지 말아라.

6월 24일 입소문

○ 고객만 감동시킨다면 이보다 좋은 홍보 효과는 없다.
   바로 입소문 기법이다.
   흔히 저지르기 쉬운 함정이다.
   돈을 내는 것은 고객인데 가끔 음식점이나 점포를 가면,
   이를 모르는 경우가 많다.
   지금은 아무리 사람이 북적거려도
   종업원이나 사장의 서비스 정신이 없으면,
   그 가게나 기업은 곧 무너지게 되어있다.

6월 25일 고마움

○ 오늘 고마웠던 일, 사람, 사물에 대해서 10가지만 써보자.

6월 26일 코스피

○ 종합주가지수코스피, KOSPI

= 비교시점의 시가총액 ÷ 기준시점의 시가총액 X 100

기준시점은 1980년 1월 4일이다. 100을 기준.

2017년 현재 종합주가지수가 2,400이라면 37년간 24배가 오른 셈이다.

°코스닥지수

지수 1,000에서 출발.

2017년 현재 667이다.

떨어졌다.

6월 27일 적

o 내면의 적과 격렬한 싸움을 하면 할수록

외부와의 관계에는 그다지 큰 의미를 두지 않는 경향이 있다.

외유내강이란 말과 같다.

내강은 즉, 내부의 내면의 적과 지속적인 싸움을 하고 있다는 뜻이다.

역사 이래로 성공한 사람은 모두 내면의 적과

싸움에서 이긴 자들일 것이다.

6월 28일 따뜻한 관심

○ 퇴근 후 집에 돌아오면 어떤 모습인가?

그저 책이나 펴고 아이는 본채 만체하며 집안일을 거들기라도 하는가?

아내에게 따뜻한 시선 한번 주는가?

그렇지 못할 경우가 며칠 반복되다 보면 자연히 경보가 울리기 시작한다.

아내 입장에서는

집안에서 책을 보거나,

나가서 술을 마시거나

자신을 외롭게 하는 건 마찬가지라고 생각한다.

6월 29일 구매

○ 물건 살 때는 이렇게 하자.

48시간 참고 고민, 고민 해보고 사자.

48시간 후에도 그 물건이 사고 싶다면 그때 구입하자.

내 주머니로 들어오는 돈 대문은 항시 열려있지만,

나가는 문은 항시 닫혀있다.

이런 전술로서 물건을 사보자.

꽤 수전노 같아 보일런지 모르겠다.

하지만, 쓸건 쓰고 아낄 건 아낀다면 수전노 소리는 듣지 않을 것이다.

6월 30일 능력

o 현재 돈이 있고 없고가 중요한 게 아니다.

돈은 있다가도 없고,

없다가도 있는

그저 단순한 물건일 뿐이다.

중요한 것은

그 돈을 만들어내는 능력이다.

돈을 다 잃어도

다시 돈을 만들어 낼 수 있는 능력이 있는지 없는지가 더 중요하다.

7월 1일 성공키워드

o 괴테와 김대중은 이런 말을 남겼다.

서두르지도, 쉬지도 마라.

바로 이것이 성공의 키워드다.

7월 2일 유한

○ 세상에 영원한 것은 없다.

지구도 태양도 언젠가는 없어진다.

지구의 수명을 100억 년으로 본다는데, 벌써 반이 지났다.

50억 살이다. 앞으로 50억 년 남았다.

생각하기 따라서는 50억 년이라는 시간은 영원하다고 볼 수도 있다.

하지만, 지구는 50억 년이 흐르면 수명을 다하고 소멸할 것이다.

지구도 이럴진대, 우리의 삶이야 뻔하지 않은가.

그러나 우리네 삶을 보면, 마치 영원불멸할 것처럼 행동하고 생각한다.

당연하게 그렇게 살고 있다.

이로 인해 삶을 좀 더 여유 있게, 조화롭게 살지 못하고 있다.

모든 것은 잠시 빌려서 사용하는 것뿐인데,

영원히 자기 소유일 것처럼 행동한다.

7월 3일 발현

o 상처 있는 사람이 남에게 상처를 남긴다.

　사랑받은 사람이 남에게 사랑을 준다.

7월 4일 가치

o 소소한 일에 '가치'를 부여하라.

　그 일이 고귀해지고 내가 행복해진다.

7월 5일 공부

o 직장 다니면서 공부하는 것은 바람직하다.

　그러나 문제는 그 공부가 과연 나에게 돈이 되어 돌아올지 검토해봐야 한다.

　돈으로 환전되지 않는 공부는 취미에 불과하기 때문이다.

7월 6일 시간 확보

○ 자기계발 시간을 확보하고 싶다면?

텔레비전을 당장 버려라.

핸드폰을 당장 버려라. 핸드폰을 버릴 수 없다면, 텔레비전이라도 버려라.

최소한 둘 중 하나는 버려야 시간을 확보할 수 있다.

7월 7일 독립

○ 세상에 자신을 내보내는 몇 가지 좋은 방법이 있다.

첫째, 책을 써라.

둘째, 블로그를 해라.

꾸준히 자신을 세상에 내보내게 되면

전문가로 대접받을 수 있다.

전문가가 되면 자신의 두 발로만 설 수 있다.

즉, 독립할 수 있다.

7월 8일 독서량

○ 100권을 읽은 자와 1,000권을 읽은 자의 생각의 깊이가 다를 것이다.

　1,000권을 읽은 자와 10,000권을 읽은 자의 차이는 더 말해 무엇하랴.

7월 9일 나를 위한 삶

o 자신에게 질문하나 던져보자.

　나는 현재 나를 위해 살고 있는가?

　혹시

　회사를 위해 살고 있는 건 아닌가?

　국가를 위해 살고 있는 건 아닌가?

　돈을 위해 살고 있는 건 아닌가?

　죽지 못해 살고 있는 건 아닌가?

7월 10일 고민 해결

o 고민이나 걱정거리가 생기면 하는 방법으로,

　잠재의식에 그냥 '넘겨'버린다.

　그럼 잠재의식은 다 알아서 내 고민을 해결해 놓는다.

　만약, 종교가 있으면 믿는 신에게 넘기면 된다.

7월 11일 오늘

○ 자고 나면 우리는 다시 새 사람이 되고,

새 인생을 맞이할 수 있다.

그렇게 매일 매일 깨어나서 새 인생을 시작한다면,

가볍게 하루를 열심히 살 수 있을 것이다.

오늘은 한 번뿐이다.

바로 오늘은 다시는 되돌아올 수 없는 날이다.

따라서 오늘을 아주 소중히 생각해야 한다.

헛되이 보내지 말아야 한다.

36,500일 중 하루는 다 같은 하루가 아니다.

7월 12일 생각

○ 인간이 짐승과 다른 점은?

생각할 수 있다.

그렇다면,

이왕 생각할 거

'크게' 생각해라.

7월 13일 좋은 회사

○ 좋은 회사는 외부 고객보다 내부 고객을 더 중요하게 생각하는 회사다.
  내부 고객은 바로 직원이다.

7월 14일 성실

○ 막노동을 한다고 해도 실패한 인생이 아니다.
  성실하게 막노동을 할 수 있다면.

7월 15일 독맹(讀盲)

○ 소설가 박완서가 남자일까? 여자일까?
  소설가 조세희는 남자일까? 여자일까?
  여기에 답을 못 한다면
  당신은 독맹이다.

7월 16일 원만

○ 남들과 원만하게 지내는 것을
   남의 의견에 무조건 '예'라고 하는 것으로 생각해서는 안 된다.

7월 17일 삼고초려

○ 삼고초려할 때
   유비는 47세,
   제갈량은 27세였다.
   유비는 제갈량 앞에서 눈물을 보였다.

7월 18일 메모

○ 작곡가는 운전하다가 급작스레 멜로디가 떠오르면 녹음기를 꺼내 든다.
   작가도 마찬가지다.
   직장인들도 이런 사람들이 있다.
   모두 창조적인 사람들의 모습이다.

7월 19일 고통

○ 현실이 고통스러운가?
   나중에 이 고통스러운 현실이 추억이 될 것이다.
   보통, 가장 기억에 남는 추억은 이런 것들이다.

7월 20일 질문

○ 질문을 보면 그 사람의 수준을 알 수 있다.
   그렇기 때문에 많은 사람이 질문하기를 꺼린다.
   그것처럼 바보 같은 짓이 없다.

7월 21일 위로

○ 위로는
   말이 아니다.
   같이 있어 주는 거다.

7월 22일 생일

○ 오늘은 누군가의 생일이겠죠?

생일 축하합니다.

추신. 필자의 생일은 7월 31일입니다.

7월 23일 다시

○ 7월 22일에 태어나신 독자님들!

다시 한 번 어제 생일이었던 거 축하드립니다.

7월 24일 기적

○ 세상에 기적은 있습니다.

정말이에요.

바로 당신이 태어난 것 자체가 기적이니까요.

바로 당신이 그 기적의 증인입니다.

이제 기적을 믿으세요.

7월 25일 포기의 힘

○ 때론,

포기가 마음을 편안하게 해줍니다.

7월 26일 성(姓)

○ 어미의 성姓을 따르는 게 맞을 듯합니다.

어미는 자신이 낳은 자식을 확실히 아니까요.

한자만 봐도 그렇잖아요.

여자女의 몸에서 태어났잖아요生.

7월 27일 막연한 기대

○ 정말 터무니없이

정말 아무런 증거도 없이

그냥 막연하게

"나이 53살에는 나에게 뭔가 특별한 일이 일어날 거야." 라고 되뇌어보자.

진짜 53살이 되었을 때 어떤 일이 일어나는지.

7월 28일 무서운 것

○ 세상에서 가장 무서운 것은 '사람'이다.

  그중에서 제일 무서운 것은

  바로 '나'다.

7월 29일 고민

○ 1년 전 고민을 생각해 보자.

  뭐였지?

  지금 고민을 1년 후에 기억해낼 수 있을까?

7월 30일 잠재능력

○

  극한을 경험하고 나면,

  잠재능력을 깨울 수 있다.

7월 31일 건강

○ 돈보다 시간이 중요하다.

시간보다 건강이 중요하다.

8월 1일 고전

○ 진정한 책 읽기라는 것은 독서 후 '사색'에 있다.

독서를 통해서 생각하지 않으면 책 읽기는 놀이에 불과할 뿐이다.

책을 읽고 변하지 않으면 읽지 않는 것만 못하다.

변하기 위해서는 반드시 '사색'이라는 과정이 필요하다.

즉, 독서는 생각할 수 있는 힘을 길러주는 방편이 된다.

○ 왜 하필 고전일까?

일반 책들과는 그 깊이가 다르기 때문이다.

다시 말해, 생각할 건더기를 저자가

너무도 많이 던져주어 책을 술술 읽기가 힘들다.

책을 몇 줄 읽다가 덮어놓고 생각을 해야 하기 때문에

한 권을 모두 읽기엔 엄청난 시간이 필요하다.

그게 바로 고전이다.

그래서 많은 사람이 고전 읽기에 어려움을 표하고 있다.

8월 2일 주식투자

o 주식투자는 크게 기술적 분석법과 기본적 분석법이 있다.

기술적 분석은 차트를 보면서 투자분석을 하는 것이고,

기본적 분석은 그 회사의 주가가 현재 적정한지,

저평가되어있는지를 고려한 후 투자하는 방법을 말한다.

워런 버핏도 후자의 방법으로 주식 부자가 되었다.

8월 3일 득도

o 자기 마음을

잘 알고,

다스릴 줄 알면,

그게 바로 득도다.

8월 4일 2시간

○ 성공하려면 하루에 2시간 정도는 자신만을 위한 시간을 내야 한다.

그 시간은 자기계발 시간이다.

감춰두었던 꿈을 꺼내는 시간이다.

이런 사람들이 성공한다.

그런데, 이들보다 더 노력하는 사람들이 생각보다 많다.

10분도 자기를 위한 시간을 내지 않는 사람들은 더 많다.

8월 5일 핑계

○ 시간 없다고 말하는 핑계가 제일 쓸데없는 짓이다.

8월 6일 디테일

○ 리더라면
  큰 그림을 그리는 것이 맞는데,

  가끔은 꼼꼼하게 파고들어 가야 한다.
  말만 듣고 해서는 제대로 돌아가지 않는다.

8월 7일 꿈

○ 정말 이루지 못할 큰 꿈이라해도
  그냥 꿈꾸는 시간만이라도 행복하다면,
  손해 볼 일이 아니다.

  정말 말도 안 되는 꿈을 8년 전에 꿨다.
  작가의 꿈이었다.
  말도 안 되게, 8년 후 정말 작가가 되었다.

  그래서 또 말도 안 되는 꿈을 꾸기 시작했다.

8월 8일 회사

○ 회사에서는 직원들을 '가족'이라고 뻥친다.
가족까지 들먹여가며 착취한다.

8월 9일 인디언

○ 인디언 격언에
'어떤 말을 1만 번 이상 되풀이하면 언젠가 반드시 그것이 이루어진다'
라는 말이 있다.

인디언들이 기우제를 지내면 반드시 비가 온다고 한다.
비가 올 때까지 기우제를 지내기 때문이다.

8월 10일 영어

○ 영어는 암기과목이다.
문장을 통째로 외워야 한다.

8월 11일 아이러니

○ 만두 만드는 일을 좋아하는 사람이 있었다.

너무너무 재미있어했다.

그는 만두가게를 열었다.

하지만 사업을 하니까 신경 쓸 일이 한두 개가 아니었다.

세금문제, 집세문제, 민원문제, 배달 문제, 서빙, 카운터 등등

신경 쓸 일이 너무 많았다.

그저 자신이 좋아하는 만두나 만들었으면 좋겠는데

오히려 만두 만드는 일은 자신의 업무에 10%도 안 되었다.

갑자기 인생 자체가 재미없어져 버렸다.

8월 12일 72룰

○ 72룰이란 72를 수익률로 나누면

원금의 2배가 되는 기간을 계산할 수 있는 공식이다.

즉, 100만 원을 10%의 수익률이 나는 금융상품에 투자했을 때

7.2년이면 200만 원이 된다는 말이다.

단지 수익률 계산뿐만이 아니라 미래 예측 생활비 계산도 가능하다.

현재 한 달 생활비가 100만 원이라면,

보통 물가상승률이 4%. 72/4=18.

즉, 18년 후에는 200만 원이어야 한다는 얘기다.

8월 13일 정년 보장

○ 어떤 회사가 있는데,

정년을 무조건 보장해 주겠다고 직원들에게 약속하면 어떤 일이 벌어질까?

○ 너무 고마워서 충성을 다해 직장에 다닐 것이다?

대충 대충하면서 월급루팡이 될 것이다?

8월 14일 영감

○ 영감을 얻기에 가장 편하고, 값싸고, 효율적인 방법은
독서다.

8월 15일 해소

○ 머리가 복잡하고, 가슴이 답답하면,
필사를 하라.
그림을 그려도 좋고,
노래를 불러도 좋다.

8월 16일 말

○ 말이 씨가 되므로
모든 면에서 긍정적인 말을 하도록 노력해야 한다.

8월 17일 기회

○ 살면서 기회는 3번 온다는 말은 틀린 거 같다.
  딱 한 번만 온다.

8월 18일 힘든 일

○ 세상에서 가장 힘든 일은 아무것도 하지 않는 것이다.
  아무것도 하지 않고 가만히 있으라고 한다면,
  쉬울 것 같지만 이것이 가장 어렵다.

8월 19일 노화

○ 노화를 촉진하는 것은 '스트레스'다.
  사회생활을 빨리할수록 노화는 촉진된다.

8월 20일 가족

○ 세상에 사랑하는 가족이 점점 사라진다면
세상은 파멸로 치닫게 될 것이다.

8월 21일 후계자

○ 2세가 왕이 되면 공신들은 물러가는 편이 좋다.
끝까지 버티다간 모가지가 어깨 위에 달려있지 못할 것이다.

회장님의 아들이 후계자수업을 받으러 회사에 출근한다면,
기존의 임원들은 어떻게 해야 할지 역사를 통해 배우면 된다.

이성계를 도와 조선창업을 이룬 정도전은 이방원에 의해 제거된다.

8월 22일 고민해결

o 고민이 없는 사람이 있을까? 없다. 누구나 고민은 있다.

항시 긍정적으로 생각하고 사는 사람도 가끔 고민거리가 생기기 마련이다.

고민 해결법은 잠재의식에 '떠넘긴다'.

이는 종교적인 관점에서 봐도 무방하다.

자신의 신에게 자신이 고민을 믿고 맡겨버리는 행위이다.

나의 신에게 제 고민을 해결해주십시오라고 기도하는 것과 같다.

그럼 나의 신은 나를 위해서

그 고민을 아주 깔끔하게 생각지도 않은 방법으로 해결해준다.

8월 23일 진급

o 어차피 회장의 눈과 귀는 닫혀 있다.

몇 번 보지도 못하는 회장에게 잘 보이려 하지 말고,

매일 같이 보는 직속상관의 눈에 들게 요령껏 살아라.

직속상관이 뻥땅치는 걸 좋아하면 그걸 갖다 바쳐라.

승진이 눈 앞에 있다.

그게 싫으면 만년 과장이다.

이게 현실이다.

8월 24일 성공

○ 세 가지만 잘하면 성공한다.

하나, 부자 부모를 만나면 된다.

둘, 부자 배우자를 얻으면 된다.

셋, 내가 열심히 살면 된다.

8월 25일 참모

○ 흔히들 조조의 최고 참모를 사마의로 알고 있는데,

그보다 전에 더 뛰어난 인물이 있었다.

지략으로 보나 품성으로 보나 어디 버릴 데가 없던 뛰어난 인물이었다.

바로 순욱이다.

초기 조조를 일으켜 세운 인물은 순욱이었다.

허나 212년 일부 신하들이 조조를 위하여

국공이라는 봉작과 구석의 예물을 갖추어

그의 뛰어난 공훈을 표창해야 하지 않겠느냐고 조언을 구했다.

조조는 받아들였고, 순욱은 반대했다.

순욱은 163년에 태어나

191년부터 조조가 승상에 오르는 시점인 208년까지 활약하고,

212년에 죽었다.

순욱은 조조가 천하를 제패하는 계기가 되는

200년 관도대전원소와의 싸움에서 승리를 안겨준다.

제갈량은 유비와 207년에 만났다.

순욱과 제갈량이 세상에서 겹치는 시기는 고작 4~5년이다.

순욱이 죽고 제갈량이 떴다. 좀 더 같은 시대를 살았더라면,

제갈량과 순욱의 싸움도 볼만했을 것이다.

8월 26일 외동

o 외동아이나 그 부모나 억울함이 있다.

　뭔 일이 생기면 기승전외동이다.

　사실 형제 있는 아이들이 더 말썽일 때도 있는데 말이다.

8월 27일 과대망상

o 대한민국 어머니들 때문에 자식들이 과대망상증에 걸린다.

　잘난 내 새끼

　잘 생긴 내 새끼

　정말 잘난 줄 안다.

8월 28일 부러움

o 20대엔 30대가 부러웠고,

　30대엔 40대가 부러웠다.

　40대엔 50대가 부러웠고,

　50대엔 60대가 부러웠다.

　60대엔 70대가 부러웠고,

　70대엔 20대가 부러웠다.

8월 29일 망한 날

o 조선 기득권들의 부패로 나라가 망한 날이다.

　그러나 웃기게도,

　백성들은 망한 나라를 위해 목숨을 건다.

8월 30일 법정

○ 법정 스님의 책을 읽으면 마음이 차분해진다.

마치 나도 시골 오막살이를 하고 있는 것처럼 느껴진다.

관심도 없던 하늘, 바람, 구름, 산천, 초목들을

한 번이라도 더 바라보게 된다.

법정 스님은 2010년 3월 11일에 입적하셨다.

가실 때도 무소유를 대로 아무런 형식,

법식을 챙기지 않고 홀가분하게 떠나셨다.

나이 79세로 생을 마감하셨다.

법정 스님이 입적하시고 서점가에는 엄청난 후폭풍이 몰아쳤다.

스님은 자신이 죽고 난 후 책을 더 이상 출판하지 말라고 유언을 남겼다.

그로 인해 〈무소유〉가 무려 150만원 이상 경매에 낙찰되는

괴상한 사건이 발생하였고,

각종 서점 베스트셀러 10위 권 안에

법정 스님의 책만 8권이 진입하는 사건이 발생했다.

8월 31일 간단한 삶

○ 지금이야 애 키우느라고 힘들게 산다지만,
다 키워놓고서는 간단하게 살 준비를 해야만 한다.

9월 1일 무리

○ 목표를 무리해서 잡는다.
그것을 이루기 위해 노력하다 보면
잠재능력이 깨어난다.

9월 2일 소설

○ 소설이 좋은 점이 뭘까?

자신독자도 모르게 주인공의 삶을 따라가면서

주인공이 말하고 행하는 것으로부터 자연스럽게 배우게 된다.

직설화법의 자기계발서와는 다르게

소설은 자신도 모르게 배우게 되는 묘한 매력이 있다.

나중에 주인공과 같은 상황이 닥쳤을 때,

소설을 많이 읽은 사람은

소설을 읽으면서 자동으로 익힌 것으로 지혜롭게 난관도 극복할 수 있다.

소설을 그냥 시간을 때우려고 읽는 책이라고 보면 안 된다.

자신도 모르게 배우게 되는 것이 참으로 많다.

9월 3일 일본영웅

○ 오다 노부나가 - 49세 1534~1582

　도요토미 히데요시 - 62세 1536~1598

　도쿠가와 이에야스 - 75세 1543~1616

　오다 노부나가는 두견새가 울지 않으면 죽여 버린다고 해서

　그의 성격이 성급하고, 급박하다는 것을 보여주었다.

　도요토미 히데요시는 두견새가 울지 않으면 울게 만들어버린다고 해서 자
신감을 표출했다.

　도쿠가와 이에야스는 두견새가 울지 않으면

　울 때까지 기다린다고 해서 그가 인내심 강한 자라는 것을 엿볼 수 있다.

9월 4일 독파

o 같은 주제에 관련된 책을 여러 권 독파해나가다 보면,

공통적으로 이야기하는 부분이 있게 마련이고,

그것이 사실 그 주제의 핵심일 가능성이 크다.

9월 5일 모방

o 잘하는 사람을 따라만 해도 중상 이상은 간다.

9월 6일 고맙습니다

o 정말 인생이 막막하고,

힘들고, 죽겠을 때

그냥 '고맙습니다'를 말해 봅니다.

무엇이 고마운 건지도 모르고,

누구에게 고마워하는 건지도 모르지만,

그냥 '고맙습니다'를 말해 봅니다.

9월 7일 떨림

○ 발표석에 들어서기 전이나 설 때 떨리는가?
  그 떨림을 피하지 말고
  그냥 떨어라. 떨어버려라.
  떨림이 떨려서 도망갈 것이다.

9월 8일 소원

○ 당신에게 꼭 이루고 싶은 소원이 있다면
  지금 당장 종이와 펜을 준비하라.

  소원을 말한다.
  한번 말할 때마다 표시正 한다.
  3,000번 말해보자.

9월 9일 아내

○ 아내에게 하루 중 딱 10분만 집중하자.
  인생이 편안해질 것이다.

9월 10일 1분

o 자신의 의견을 피력할 때
　주어진 시간은
　단 1분이다.

9월 11일 나답게

o 그대 바쁜가?
　그대답지 못하게 살고 있다는 뜻이다.

　자신답게 산다는 건
　느리게 사는 것이다.

9월 12일 상상

o 그냥 노력만 해서는 노력만큼만 얻기도 힘들다.
　노력을 하되 상상을 해주어야 한다.
　성공한 모습을 그려라.
　그래야 노력만큼이라도 얻을 수 있다.

9월 13일 기쁨

○ 받는 기쁨보다 주는 기쁨이 더 크다는 건 누구나 다 아는 사실이다.

9월 14일 불완

○ 우리는 완벽하지 않다.
　그렇기 때문에
　실수해도 슬퍼하거나 노여워하지 않는다.

9월 15일 행복

○ 행복은 종착지가 아니다.
　행복은 과정이다.

9월 16일 매력

○ 매력적인 사람은 자신보다는 상대에게 좀 더 주의를 기울인다.
　상대가 무엇을 원하는지 집중한다.

9월 17일 역전

○ 앞으로 몇십 년 뒷면
베트남이 우리나라보다 더 잘살게 된다.
젊은 인구가 많고, 천연자원도 풍부하다.

9월 18일 사이버 세상

○ 이루고 싶은 것을 현실보다 빨리 이룰 수 있고,
가지고 싶은 것을 현실보다 빨리 가질 수 있는
사이버 세상이 있다면
많은 사람이 현실보다는 그곳에 접속할 가능성이 크다.

9월 19일 오늘도 조금씩

○ 토마스 만1875~1955은 독일의 소설가다.
하루 종일 다른 일을 하면서 날마다 한 쪽씩 글을 썼다.
그리하여 1년에 한 권씩 책을 썼다.

9월 20일 마크 트웨인

○ 〈톰 소여의 모험〉은 1876년에 씌인 소설이고,

　〈허클베리 핀의 모험〉은 8년 후 1884년에 씌인 소설이다.

　〈톰 소여의 모험〉에서도 허클베리 핀은 나오고,

　〈허클베리 핀의 모험〉에서도 톰 소여는 나온다.

　두 소설 모두 마크 트웨인이 썼다.

　마크 트웨인의 본명은 사무엘 랭혼 클레멘즈다.

9월 21일 양자

○ 양자물리학자들은 우주가 원자보다

　작은 양자들로 가득 차 있음을 발견했다.

　그리고 이 양자들이 언제라도 물질로 전환될 준비를

　갖추고 있음을 밝혀냈다.

　또 이 양자들이 에너지에 반응한다는 사실도 알게 되었다.

　생각이 에너지다.

9월 22일 제사

o 오늘은 누군가의 제삿날이겠네요.

　삼가 고인의 명복을 빕니다.

9월 23일 보고서

o 믿기지 않지만 실제로 일어나고 있는 일이 있다.

　일하는 것보다 보고서 작성이 더 중요하다는 사실.

9월 24일 집중

o 어떤 목표를 이루기 위해

　자신의 모든 것을 건다면

　엄청난 능력을 발휘할 수 있을 것이다.

9월 25일 7년의 법칙

○ 단박에 되는 것은 없다.

매일 해야 이루어진다.

적어도 7년 이상은 해야 실현된다.

9월 26일 오류

○ 우리가 흔히 범하기 쉬운 오류는

바로 리더는 카리스마가 있어야 한다는 믿음이다.

카리스마는 권위다.

민주적인 것이 더 낫다.

9월 27일 기다림

○ 유비가 큰 뜻을 품고 일어났습니다만,

그는 거처 없이 항상 쫓겨 다니기만 했습니다.

원소에게도 의탁했다, 여포에게도 의탁했다, 여

기저기 이렇게 돌아만 다녔습니다.

그리고 조조에게 쫓겨 후엔 유표에게는 6년간 의탁하게 됩니다.

중국 천지사방을 떠돌아다니는 신세가 됩니다.

말이 6년이지 큰 뜻을 품고 있는 사람으로서

얼마나 고통스러운 나날이었겠습니까.

또한, 홑몸도 아니고

관우, 장비, 조운, 미축, 간옹, 손건 등과

그의 처자식이 다 자신을 따르는 상황에서

아무것도 이루지 못하고 숨죽여 살아야 하는 세월인 6년.

9월 28일 시(詩)

○ 시를 쓸 때

제목에 들어가는 말을

절대로 시 본문에 써서는 안 된다고 합니다.

9월 29일 떠남

○ 조직.

일단은 편하다.

그 편안함에 안주하다 보면 결국 낙동강 오리알 신세가 되기 딱 좋다.

왜냐면, 현재의 회사는 엄밀히 말하면 내 것이 아니다.

물론 일할 때의 자세는 내 것인 양 열심히 해야 한다.

하지만, 법적으로 따지고 보면 내가 그 회사의 오너는 아니다.

이 얼마나 끔찍한 말인가.

회사에서는 내 것처럼, 내가 사장인 듯이

열심히 하라고 세뇌 교육을 퍼붓고 있다.

많은 자기계발서에서도 내 것인 양해야

진짜 내 것이 된다고 일설을 푼다.

일정 부분 맞다.

인정한다.

그래서 엄밀히 말해보면 절대로 내 것은 아니다.

이는 무슨 말인가.

내 것이 아니기 때문에 언젠가는 반드시, 꼭, 필히,

그 조직을 떠나야 할 때가 온다.

그것도 자의가 아닌 타의에 의해, 세월의 힘에 밀려.

9월 30일 다니면서

○ 직장 다니면서 공부하는 사람이 있고,
직장 다니면서 책 쓰는 사람이 있고,
직장 다니면서 사업하는 사람이 있고,

10월 1일 고인 물

○ 오너가 바뀌는 것은 좋은 게 아니지만
임원이 오너처럼 바뀌지 않는 건 심각한 거다.

10월 2일 놀이

○ 어릴 때는 마음껏 뛰어놀아야 한다.
공부가 다가 아니다.
옆집 아이는 집 밖으로 나오지 않고 공부만 시킨다고 겁먹을 필요 없다.
열심히 놀던 아이는 때가 되면 알아서 다 하게 된다.
막말로, 공부시킨다고 잘하는 것도 아니지 않은가.

10월 3일 멘토

○ 나에게 선생멘토이 없다고 한탄하지 말라.

　가까운 도서관만 가도 수천수만의 선생이 즐비하다.

10월 4일 공부

○ 우리는 보통 학교를 졸업하고는 책과는 담을 쌓고 지낸다.

　하지만, 성공한 사람들은 학교를 졸업하고도 공부를 쭉 계속해 나간다.

10월 5일 연속안타

○ 역전홈런을 치려면 일단 역전의 기회가 와야 한다.

　그래서 어렵다.

　그 기회가 와도 해내기 힘들다.

　그러지 말고,

　연속안타를 치는 작전을 구사하자.

　계속 치고 나가는 게 더 중요하다.

10월 6일 이별

○ 회사에 불평불만을 할 필요가 없다.
  싫으면 그냥 떠나면 된다.

10월 7일 창작기법

○ 프랑스 소설가 베르나르 베르베르는 소설을 쓸 때
  이런 방법을 사용한다고 합니다.
  '만약 ~라면 어떻게 될까?'
  이 질문에 대한 답을 찾아가는 과정이 바로 소설이 됩니다.

10월 8일 아이

○ 아이처럼 살자.
  미래에 대한 근심걱정 없이,
  과거에 대한 후회 없이
  바로 지금 이 순간만을 살고 있는 아이처럼 살자.

10월 9일 인기

○ 누군가 나를 사랑해주는 사람이 많이 생긴다면

　그게 바로 힘이 된다.

　그래서 연예인들이 인기를 먹고 사는 거다.

10월 10일 안정

○ 세상에 안정이란 없다.

　그것을 인정하는 것이 우선이다.

10월 11일 자유

○ 자유를 누리면서 살 수 있는 방법이 있다.

　① 결혼을 하지 않는다.

　② 아이를 갖지 않는다.

　③ 단순 알바로 100만 원 정도만 번다.

　④ 하고 싶은 일 하면서 산다.

　가지려면 포기해야 할 것도 있다.

10월 12일 돈

○ 어떤 사람은 계곡으로 놀러 가서도 돈을 벌어들인다.

　자신이 낸 책,

　자신이 낸 음반,

　자신이 가진 특허권,

　이런 것들이 돈을 벌어가지고 온다.

10월 13일 2막

○ 나는 딱 육십까지만 회사에 다닐 것이다.

　그 후로 무엇을 할지 확실한 계획이 서 있어야 한다.

10월 14일 감사

○ 진짜 내일 딱 하루만이라도
감사하는 마음으로 살아보자.
아무리 힘들어도 말이다.

10월 15일 꾸준

○ 뭐든 꾸준함이 매우 중요하다.
아무리 좋은 것도 하루하고 말면 아무 소용없다.
하루만 아주 열심히 하고 땡 치면 말 그대로 땡이다.
매일 1분이라도 꾸준히 하면 효과는 나타난다.
성공한 사람들은 '매일 조금씩 꾸준히'의 힘을 잘 알고 있다.

10월 16일 감사

○ 감사합니다.

　진짜 감사해서 감사한 게 아니라

　그럼에도 불구하고

　감사합니다.

10월 17일 준비

○ 현재 40대인데 인생이 고달프고 힘든가?

　남을 탓하지 말자.

　그건 30대를 잘못 보냈기 때문이다.

　고로 50대에 잘살고 싶다면

　40대인 지금 준비를 잘해야 한다.

10월 18일 기다림

○ 자기만의 시간을 갖지 못한다고 조급해하지 말자.

  조금 지나면

  나만의 시간을 가질 수 있는 시기가 오니까.

10월 19일 천천히 걷기

○ 의도적으로 매우 최대한 느리게 걸어보세요.

  보이지 않던 것이 보일 겁니다.

10월 20일 국산품

o 예전에는 국산품을 애용하라는 말로 애국심을 강조했다.

　요즘은 국가가 나를 위해 뭘 해줬는지 재면서

　별로 대수롭지 않게 생각한다.

o 요즘 세상에 애국심이 밥 먹여줄지 의문이지만,

　국가를 잃고 나서 후회하면 늦는다.

　내가 중요한 게 아니다.

　후손이 중요한 거다.

　후손에게 좋은 나라를 물려주려면

　당연히 국산품 애용을 해야 한다.

10월 21일 아내

o 조강지처는 보잘것없는 음식을 먹으면서 함께 고생한 아내를 말한다.

　조강지처불하당糟糠之妻不下堂이란 말이 있다.

　나중에 부귀하게 된 뒤에 조강지처를 버리지 말라는 말이다.

10월 22일 겁

○ 겁먹은 토끼처럼 살지 말자.

10월 23일 시련

○ 신은 우리에게 견딜 수 있을 만큼의 시련을 주신다고 했다.

10월 24일 가족

○ 우리에게 제일 소중한 것은 가족인데,
  가족에게 제일 함부로 한다.

10월 25일 성실

○ 성실하지 못한 창조는 껍데기일 뿐이다.
성실 속에서 창조가 태어난다.
성실하지 못하면 실성한다.

10월 26일 위인

○ 편한 길을 놔두고, 자신의 이익을 손해 보며, 대의를 향해 가는 사람을
우리는 위인이라 부른다.

편하게 변호사 노릇 하면서 부귀영화를 누릴 수 있는데,
이것을 내팽개치고
늦은 곳으로 임하는 사람들이 있다.
이들을 우리는 지도자로 모시면 세상이 좋게 변한다.

10월 27일 꿈

○ 꿈을 계속 꿔라.
꿈은 종이처럼 접는 게 아니라 계속 꾸는 것이니까.

10월 28일 갈등

○ 어머니와 아내가 싸우면 남편은 어떻게 해야 할까?

두 사람 편을 들면 된다.

어머니와 있을 때는 어머니 편.

아내와 있을 때는 아내 편.

둘 다 같이 있을 때는 자리를 뜬다.

10월 29일 비굴

○ 공손함이 지나치면 비굴함이 된다.

겸손은 강한 자가 할 수 있는 행태다.

약한 자에게 겸손은 비굴함이다.

10월 30일 시간

○ 시간을 다스리지 못하면
인생을 다스리지 못하게 된다.

그래서
시간이 없어서, 라는 말이 무섭다.
이 말은 곧
인생을 포기했어, 와 같은 말이기 때문이다.

10월 31일 때

○ 쇼펜하우어가 청년 시절에 쓴 책들은
그가 노인이 되었을 때야 비로소 독자들의 관심을 받을 수 있었다.

운이 좋으면 일찍 터지는 거고,
나쁘면 늦게 터지는 거다.
늦게라도 터지면 그게 어디냐!

11월 1일 실용서

○ 많은 사람이 실용서에 대해 좋지 않은 편견을 가진 것 같다.

그저 그런 책, 누구나 다 아는 책.

그렇다.

사실 진리는 단순하고 누구나 다 안다.

하지만, 중요한 것은 아는 것이 아닌, '실천'하는 것이다.

실용서 다독의 마력은 바로 이점에 있어 중요하다.

실용서를 많이 읽다 보면,

어느새 자신이 점점 바뀌는 것을 느낄 수 있다.

한두 권으로 끝내지 말고,

다독해보자.

사고방식이 조금씩 바뀌면서 행동이 바뀌게 되고,

그로 인해 인생이 바뀌게 될 것이다.

11월 2일 시선의식

○ 많은 사람이 다른 사람의 눈으로 산다.

  자신의 눈으로 세상을 살기보다는

  다른 사람들이 나를 어떻게 볼까 하는 생각으로 살아가는 사람들이다.

  다른 사람들의 눈이 무서워서 하고 싶은 것도 못해본다.

11월 3일 칭찬

○ 칭찬하는 것에 대해 주의할 것이 있다면,

  결과를 놓고 칭찬하는 것이 아니라

  그 '과정'을 칭찬해야 한다.

11월 4일 회피

○ 문제를 피하지 말자.

  절대로 도망갈 수 없다.

  끝까지 따라붙어 결국에는 외나무다리에서 만나게 된다.

11월 5일 감사함

○ 이 책에서 다 버려도 한 가지만은 꼭 챙기자.

　바로 '감사하기'다.

　정말 중요하다.

11월 6일 상사

○ 자신의 상사가 어떤 것을 좋아하는지,

　싫어하는지 파악하는 것이 중요하다.

　상사가 좋아하는 일을 찾았으면 그렇게 행하면 되고,

　싫어하는 것을 찾았으면 다시는 그 짓을 하지 않으면 된다.

　항상 상사의 입장에서 생각할 수 있어야 한다.

　상사의 눈으로 바라보는 시각을 가질 때 출세도 할 수 있고,

　성공도 할 수 있다.

11월 7일 인생

○ 가사노동이라는 것은 끝없는 반복이다.

아침에 먹은 밥그릇을 씻고,

거기에 밥을 얹고,

다시 씻고,

빨래도 마찬가지.

빨고,

널고,

입고,

또 빨고,

반복이다.

해도 끝이 안 보인다.

인생도 마찬가지다.

11월 8일 독립

○ 자신의 느낌과 욕구를 거부하고
감정의 힘을 무시하고
다른 사람의 지시대로만 살아가지 말자.

11월 9일 양심

○ 양심을 지키며 살기 힘들다.
매번 어떻게 지키겠는가.
그래도
결정적인 순간에는
양심을 지켜보자.
인간의 자존심이다.
잡초의 자존심이다.

11월 10일 글

○ 말이라도 못하면 글이라도 써라.

11월 11일 전도

○ 행복해서 웃는 것이 아니다.
  웃다 보면 행복해진다.

  감사해서 감사하는 것이 아니다.
  감사하다 보니 감사해지는 일이 생기는 것이다.

11월 12일 뇌

○ 뇌를 망치게 하고 싶다면 텔레비전을 보면 된다.
  뇌를 좋게 만들고 싶다면 책을 보면 된다.

11월 13일 감정

o 자신의 감정을 소홀히 여기지 마라.
  감정이란 내 안의 나가 밖의 나에게 보내는 신호다.

11월 14일 가치

o 아무리 못난 사람처럼 보여도 다 한방이 있다.
  다만 우리가 그의 가치를 발견하지 못했을 뿐이다.

11월 15일 주장

o 주장을 펼 때는 절대로 웃지 않는다.

11월 16일 조직

o 사람을 키우지 않는 회사의 전형적인 특징은
  늘 업무에 급급해 바쁘게 돌아간다는 것이다.

11월 17일 소인배

○ 유방은 항우를 무찌르고 한의 황제로 등극하게 된다.

토사구팽... 토끼를 다 잡으면 사냥개를 삶아 죽이는 법이다.

유방은

한신을,

팽월을,

경포를,

소하를 토사구팽한다.

아마도 모사 장량이 계속해서 유방을 보좌했더라면 장량마저도 토사구팽했을 것이 틀림없다.

11월 18일 리더

○ 진정한 리더는 배려와 친절로 완성된다.

11월 19일 관용

○ 만화나 무협지, 소설, 영화를 보다 보면
자신의 원수에 의해 모진 고생을 한 우리의 주인공은 후에 잘 돼서
원수에게 용서와 아량을 베푼다.
그런 대목을 대할 때마다,
저건 말도 안 돼! 화끈하게 복수해줘야지
저게 뭐가 이쁘다고 저렇게 봐줄까, 싶었다.
하지만, 위인들은 대부분 그런 푸근함과 관대함이 있었다.
큰 사람이 되고자 한다면 이런 관용을 길러야한다.

11월 20일 기하급수

○ 기하급수적 : 1,2,4,8,16,32,64,128,.....
산술급수적 : 1,2,3,4,5,6,7,8,9,.....

11월 21일 잠재의식

○ 잠재의식을 깨우는 방법들

　자기 직전에 자신의 꿈을 이룬 모습을 생각하기

　거울을 보면서 자신에게 말하기

　큰 소리로 자신의 꿈 외치기

　자신의 꿈을 그려서 눈에 잘 띄는 곳에 걸어두고 수시로 보기

　꿈을 사진으로 찍어 수시로 보기

　글로 큼지막하게 써서 수시로 보기

　라디오로 녹음을 해둬서 수시로 듣기

11월 22일 기억

○ 결혼 전 첫사랑의 생일을 아직도 기억하고 있나요?

11월 23일 강력

○ 세상에서 강력한 말이 두 개 있다.

　사랑과 감사다.

11월 24일 사랑

○ 사랑한다면
　그 사람이 좋아하는 일을 하기보다
　싫어하는 일을 하지 않는 편이 낫습니다.

11월 25일 자신감

○ 누가 뭐라고 하든지
　정말 중요한 것은
　'내가 나를 믿느냐'라는 것이다.
　이게 바로 자신감이다.

11월 26일 감사

○ 수천 권의 자기계발서를 읽었다.
　한 단어로 요약하니까
　'감사'다.

11월 27일 말

○ 잘 쌓은 덕업을
농담일망정 절대 말로 망치지 말라.

11월 28일 용기

○ 두렵지 않은 것처럼 행동하면
진짜 두렵지 않게 된다.

11월 29일 방치

○ 노후 준비하느라 지금의 행복을 내버려 두고 있지는 않은지요?

11월 30일 기부

○ 지금 기부를 못 하면
성공하고도 기부를 못 한다.

12월 1일 소문

○ 나의 행태를 다들 알고 있다. 아무도 보는 사람이 없는데도 말이다.

12월 2일 식언

○ 아무리 몰린 상황이라 해도 본심을 드러내지 말라.
  두꺼운 얼굴을 할 필요가 있다.
  꼭 말로 안 해도 상대는 이미 다 안다.

12월 3일 거짓말

○ 때론 거짓말도 요령껏 해야 한다.

12월 4일 고통

○ 고통스러우면 일에 미치는 것도 한 방법이다.

12월 5일 자신

○ 열심히 헌신하며 살아왔는데
문득 뭔가 허무하고 허전하게 느껴진다면
잘못 산 것이다.
다시 정비해서 나다운 게 뭔지 찾아야 할 때다.

12월 6일 술

○ 술은 오늘 하루를 잊게 해줄 수는 있지만
과하면 인생 자체를 마비시켜 버린다.

술 잘 마신다고 자랑하는 사람치고 잘 되는 사람 없다.

12월 7일 시간

○ 나를 위한 시간을 하루에 얼마를 갖는가?
그게 성공의 척도다.

12월 8일 나이

○ 나이가 든다는 것에 더 이상 슬퍼하지 말자.

나이가 든다는 것은 한 가지를 잃으면

다른 또 한 가지를 얻는 것과 같은 것이다.

스피드를 잃었다면, 진중함을 얻을 것이고,

체력을 잃었다면, 지력을 얻을 것이다.

중요한 것은 나이에 맞게 삶을 살아가야 한다는 것이다.

나이가 든다고 무조건 철이 들거나, 혜안이 생기는 것은 아니다.

그만큼 스스로 노력을 해야만 가질 수 있다.

더욱 끔찍한 것은 나이는 먹어가는데,

정신적으로나 감정적으로 발전이 없는 것이다.

어른이 다 어른이 아닌 만큼, 자신의 나이에 책임을 질 줄 알아야 한다.

12월 9일 충직

○ 가장 이상적인 오른팔은
나 대신 나서서 고춧가루를 뿌려주고,
나의 잘못을 눈감아 주는 사람이다.

12월 10일 처세

○ 직장 상사를 이기려들지 말라.

12월 11일 듣기

○ 자랑하는 사람이 있거든
배알이 꼴려도
그냥 들어주어라.

12월 12일 취미

○ 무취미의 취미를 갖지 마라.

취미가 없다는 건 죽어있다는 뜻이다.

이력서에서 취미를 쓰는 란에 한참 동안 고민한다면

참 별 볼일 없이 살았다는 의미가 될 터.

12월 13일 1%

○ 자신의 것 중 1%안에 들어가는 게 뭐가 있는지 점검한다.

독서가 1% 안에 들어가는가?

달리기가 1%안 인가?

돈 버는데 남들보다 특출난가?

얼굴이 1%안에 들어가는가?

나중에 그게 당신을 살릴 것이다.

뭘 해도 1% 안에 못 들 것 같으면 다른 방법이 있다.

두 가지를 합한다.

독서를 많이 하면서 얼굴도 잘 생긴 사람으로 1%안에 들어갈 수 있다.

달리기를 잘하면서 돈도 잘 버는 사람으로 1%안에 들어갈 수 있다.

그래도 안 되면 세 가지를 합한다.

12월 14일 머슴

○ 늘 1등을 하면서 열심히 공부한 것에 대한 결과가
  남의 집 머슴살이라면
  너무 열 받지 않을까?
  내가 이러려고 1등 했나 싶을 거다.

  정승 집 머슴이나 아전 집 머슴이나 머슴은 머슴이다.

12월 15일 퇴보

○ 만족하는 순간부터 추락한다.

12월 16일 모방

○ 살다보면 본받고 싶은 사람이 있다.
  그들의 삶을 추적해서
  그대로 따라 하면 5할은 비슷해진다.

12월 17일 재기

○ 성공하는 건 정말 쉽지 않다.

　더 힘든 게 있다.

　성공했다가 망했다가 다시 시작하는 것이다.

12월 18일 존중

○ 사람을 업신여기면 반드시 거기에 상응하는 대가를 받게 된다.

12월 19일 화

○ 화를 내지 않겠다고 다짐하는 것만으로도

　이미 수행의 길을 걷고 있다는 뜻이다.

12월 20일 고통

○ 착한 척하려고 하니까 인생이 힘든 것이다.

12월 21일 쓰기

○ 만 권의 책을 읽기로 결심하는 것보다

한 권의 책을 쓰기로 결심하는 것이 더 낫다.

12월 22일 운

○ 성공담을 들으면 보통 그들은 '운이 좋았다'는 말을 한다.

단지 운이 좋아서 만이었을까?

그들은 성공한 사람으로서 운이 좋다고 말한 것이다.

즉, 그들이 말하는 운은 이미 노력은 99% 했다는 뜻이 밑에 깔려있다.

12월 23일 목표

○ 집 한 채 장만하다 인생을 끝내고 싶은가?

12월 24일 기준

○ 돈을 기준으로 삼지 말고
  자신을 기준으로 삼으면 틀림없다.

  글쓰기가 돈이 되지는 않지만
  내가 좋으니까 쓰는 거다.

  돈 따라가다간 인생 종친다.

12월 25일 안식

○ 안식년을 가져보는 것도 괜찮다.

12월 26일 초보

○ 독서와 술은 비슷하다.

술 초보는 맛도 모르고 벌컥벌컥 마셔버리고 취한다.

독서 초보도 마찬가지로

뭔지도 모르고 권 수에 빠져 마구 탐독하다 나가떨어진다.

12월 27일 외양

○ 깔끔하게 정돈된 느낌의 외모도 내면만큼 중요하다.

12월 28일 반골

○ 반대로 가라.

시대적 흐름이 이로 몰리면 저로 가라.

돈이 대세면 그 반대로 가라.

의사가 대세면 그 반대로 가라.

대기업이 대세면 그 반대로 가라.

부동산이 대세면 그 반대로 가라.

귀농이 대세면 그 반대로 가라.

반대의 세상엔 기회가 더 많고 희소성의 가치를 인정받게 된다.

12월 29일 나눔

○ 성공을 나누어라.

나누는 성공엔 마가 끼지 않는다.

12월 30일 협박

○ 상사가 승진을 들먹이며 가정을 포기하고 일에 매몰되라고 겁박한다.

승진을 포기했다고 말해서 상사를 겁박해주자.

12월 31일 새로움

○ 뼈는 2년 마다,

대퇴근육은 4개월 마다,

적혈구와 백혈구는 3개월 마다,

혈소판은 10일 마다,

혀는 매일 교체된다.

우리의 생각도 매일 교체할 수 있다.